MAIS QU'EST-CE QUI PASSE PAR LA TÊTE DES MÉCHANTS ?

Du même auteur

La Démocratie familiale : évolution des relations parents adolescents, Paris, Les Presses de la Renaissance, 1990.
Les Bandes, « l'entre soi » adolescent, Paris, Desclée de Brouwer, 1993.
Le Peuple adolescent, Paris, Julliard, 1994.
Génération courage, les lettres des jeunes Français au Premier ministre, Paris, Julliard, 1995.
Adolescence en crise ? vers le droit à la reconnaissance sociale, Paris, Hachette éducation, 1998.
À mort la famille ! plaidoyer pour l'enfant, Toulouse, Erès, 2000.
Le Cabinet, Paris, Arléa, 2001.
Le Deuxième Homme, réflexions sur la jeunesse et l'inégalité des rapports entre générations, Paris, Les Presses de la Renaissance, 2002.
Les Adolescents, Paris, Le Cavalier bleu, Coll. Idées reçues, 2002.
Ne m'appelez plus jamais crise ! parler de l'adolescence autrement, Toulouse, Erès, 2003.
Les Pièges de la mixité scolaire, Paris, Les Presses de la Renaissance, 2003.
Les Interdits, fondements de la liberté, Paris, Les Presses de la Renaissance, 2004.
La Famille, Paris, Le Cavalier bleu, Coll. Idées reçues, 2005.
L'adolescent est une personne, Paris, Le Seuil, 2006.

OUVRAGES COLLECTIFS OU EN COLLABORATION

La Socialisation de l'enfance à l'adolescence, sous la direction de Hanna Malewska-Peyre et Pierre Tap, Paris, PUF, 1991.
Le Skate, la fureur de faire (avec Marc Touché), Caen, Arcane Beaunieux, 1991.
Adolescents dans la cité, sous la direction de Serge Lesourd, Toulouse, Erès, 1991.
La Violence et l'État : formes et évolution d'un monopole, textes rassemblés et présentés par J. Lombard, Paris, L'Harmattan, 1993.
Du stade au quartier, le rôle du sport dans l'intégration sociale des jeunes, Paris, IDEF Syros, 1993.
Adolescence plurielle, sous la direction de Marie Choquet et Christiane Dressen, Paris, CFES, 1993.
Jeunesses d'en France, dirigé par Régine Boyer et Charles Coridian, Panoramiques Arléa Corlet, 1994.
Soigner et/ou punir, sous la direction d'Odile Dormoy, Paris, L'Harmattan, 1995.
L'Identité, coordonné par J. Cl. Ruano-Borbolan, Auxerre, Sciences humaines éditions, 1998.
Le Pouvoir, coordonné par J. Cl. Ruano-Borbolan, Auxerre, Sciences humaines éditions, 2002.
Le Bonheur d'être adolescent (avec Marie Cipriani-Crauste), Toulouse, Erès, 2005.

Michel Fize

Mais qu'est-ce qui passe par la tête des méchants ?

Marabout

Petite entrée en matière

Pourquoi une étude sur la méchanceté et les méchants ? À première vue, ce thème peut étonner et, un tel choix, passer pour une « drôle d'idée » : la méchanceté est d'une telle banalité ! On serait même tenté de dire que n'importe qui peut se comporter méchamment, que tout le monde est naturellement un peu méchant. « Chacun, disait Carl Jung, porte en lui une ombre et un partenaire dangereux qui, tel un compère invisible, se trouve imbriqué dans les sombres agissements des monstres politiques[1]. » Plusieurs interlocuteurs, de mes amis et collègues, avant que débute ce travail, m'ont donc mis en garde en me disant qu'il n'y avait pas grand-chose à dire à ce propos, que « méchant », c'est un mot d'enfant, que ce sont les enfants qui parlent de « bons » et de « méchants », qu'ensuite, avec le temps, ces qualificatifs disparaissent du vocabulaire. « La méchanceté, d'abord je n'y crois pas », me dirent quelques autres, aussi sûrs d'eux-mêmes. Nous avons pourtant chaque jour sous les yeux des actes ou, selon une expression plus habituelle, des « comportements » que nous qualifions de « méchants », et nous désignons comme « méchantes » les personnes qui accomplissent ces actes ou adoptent ces comportements. Pourquoi donc n'étudierions-nous pas ces personnes et leurs

1. Carl JUNG, *Présent et Avenir*, Paris, Buchet-Chastel, 1962, p. 146.

conduites comme d'autres ont naguère étudié les anxieux ou les menteurs ? Assurément, le problème de la méchanceté mérite d'être pris au sérieux.

Spontanément, la méchanceté évoque en nous tout à la fois la couleur noire, ce qui est sournois chez l'homme ou la bête, les ténèbres, la forêt, lieu de toutes les terreurs, les prédateurs, la rumeur voire les « ragots ». L'impression qu'elle nous laisse est négative ; l'idée, repoussante : rien que d'y penser, nous frémissons ! Le méchant, c'est en somme celui qu'il faut éviter, qui est mauvais, qu'il faut blâmer et condamner. Car, bien sûr, à un moment ou à un autre de notre vie, nous avons tous dû faire face à la méchanceté ou à un être méchant (nous avouons beaucoup moins volontiers avoir été méchants nous-mêmes !). Par conséquent, ainsi que le dit cette jeune lycéenne parisienne, « que ce soit de par nous-mêmes, ou les gens qui nous entourent, ou encore par les médias, nous possédons chacun notre définition, notre perception, notre idée de la méchanceté et des méchants ».

« Attention, froid méchant ! », voilà ce que l'on peut encore lire dans un grand quotidien français en ce matin du 16 février 2005. Il existerait donc également, en plus des gens, des choses, des phénomènes méchants. À lire le seul Émile Zola, on se trouve ainsi devant une multitude de choses méchantes : l'humeur, le rire, la joie. Et comme si la méchanceté ne se suffisait pas à elle-même, on lui accole des adjectifs qui en renforcent la dureté. Zola parle ainsi de « méchanceté diabolique » et de « méchanceté aiguë ». D'autres fois, le mot est employé de manière très péjorative : on dira, par exemple, qu'une personne a « méchamment » refusé à une autre de lui rendre service. Certaines périodes de la vie sont, elles aussi, jugées plus « méchantes » que d'autres. Pour la psychanalyste Anna Freud, par exemple, la période méchante correspond à la période de latence de l'enfant qui se situe entre cinq ans et la puberté. Pour beaucoup d'entre nous, cependant, cette période correspond plutôt à la vieillesse avec son cortège de maladies et de handicaps. Les éléments, lorsqu'ils sont déchaînés, peuvent également être méchants. Il en est ainsi de la tempête que Victor Hugo, dans *Les Travailleurs de la mer*, compare à une bande de pirates, et des écueils, tel celui des Hanois dont il écrit : « Il a fait toutes les mauvaises actions que peut faire un rocher. C'était l'un des plus redoutables assassins de la mer. Il attendait en traître les navires dans la nuit[1]. » Ou bien encore le vent peut être ou trop chaud ou glacial, le désert brûlant, etc. « Le mal, poursuit Hugo, est présent à tout pour protester. Il est ouragan, et il tourmente la marche d'un navire ; il est chaos, et il entrave l'éclosion d'un monde… Le mal est une rature à la création. »

Premières impressions, premières interrogations

« Méchante ! », dit l'enfant à sa mère qui lui refuse un bonbon. « Tu n'es pas gentil », lui répond en écho cette dernière, essuyant à cet instant les vigoureux coups de pied de son rejeton. Dans *Le Grand Chemin*, un film de Jean-Loup Hubert, l'enfant, Louis, est en colère ; au bord des larmes, il crie à l'adresse de Pelo, son oncle, incarné par Richard Bohringer, et de sa femme, jouée par Anémone : « Vous vous engueulez tout le temps, vous êtes méchants. » Pour l'enfant, les objets eux-mêmes peuvent également être méchants, surtout ceux qu'il n'arrive pas à maîtriser. « Je ne suis pas un méchant ! », dit encore cet adolescent de quinze ans, réprimandé pour une « bêtise » ainsi qu'il la qualifie (il a volé un scooter). « C'est un méchant homme ! » ou « une méchante femme » : nous avons naturellement tous entendu

1. Victor HUGO, *Les Travailleurs de la mer*, Paris, Le Livre de poche, 1965, p. 244, et p. 462 pour la citation suivante.

cette expression, qui désigne un autre qui n'est pas nous – en principe…

La méchante personne – tant il est vrai que le mot ne se dit plus guère d'une situation, que l'on qualifie plutôt, au besoin, de « mauvaise » –, nous pensons de prime abord que c'est celle, ou celui, qui fait du mal à autrui, lui cause un préjudice quelquefois irréparable. Platon disait que c'est celle qui a de mauvaises choses en elle. « Méchant », c'est ce qui semble s'opposer à « bon » ; la méchanceté apparaît ainsi comme le revers de la bonté. Le philosophe Hegel nous en offre une première analyse. Dans sa « Doctrine des devoirs, ou morale », au fameux paragraphe 65, l'auteur, dans un éclaircissement de son propos, note ceci :

> À ce qui est bon s'oppose ce qui est méchant, mais aussi ce qui est mauvais. Ce qui est méchant implique d'être accompli avec décision résolue du vouloir. Formellement, il l'emporte sur le mauvais, puisqu'il suppose une force de volonté, qui est aussi la condition du bon. Le mauvais procède, au contraire, d'un défaut de volonté. L'homme mauvais suit son inclination et néglige ainsi l'accomplissement de certains devoirs[1].

Nietzsche, comme Hegel, oppose également les termes « bon » et « méchant », ainsi que « bon » et « mauvais ». Il faut ici se reporter à la première dissertation de *La Généalogie de la morale*, où il écrit :

> Combien différents sont ces deux mots, « mauvais » et « méchant », opposés tous deux apparemment au même

---

1. Georg Wilhelm Friedrich HEGEL, « Doctrine des devoirs, ou morale », *Propédeutique philosophique*, Paris, Éditions de Minuit, 1963, p. 79. Nietzsche ne partage pas cette façon de voir, considérant qu'une chose ou une valeur ne saurait se définir par son contraire.

> concept de « bon ». Mais ce n'est pas le même concept de « bon » : que l'on se demande plutôt qui est le véritable « méchant » au sens de la morale du ressentiment [celle des pauvres et des impuissants, on s'en souvient]. En toute rigueur, il faut répondre : c'est précisément le « bon » de l'autre morale, précisément l'homme aristocratique, le puissant, le maître[1].

Pour Nietzsche, en réalité, les jugements de bon et de méchant sont sans valeur : « L'homme du ressentiment, indique-t-il, a conçu l'ennemi méchant, "le méchant" comme principe, à partir duquel il imagine par intuition et comme antithèse un "bon" – lui-même ! »

Assurément la méchanceté est d'abord un concept. Rappelons que les concepts « sont des signes imaginatifs, plus ou moins précis, correspondant à des sensations qui reviennent souvent et en même temps, des groupes de sensations[2] ». Cette approche conceptuelle ne saurait cependant nous suffire. Avec la méchanceté et les méchants, nous sommes en effet bel et bien face à une difficulté d'ordre terminologique. De quoi parlons-nous exactement lorsque nous utilisons ces termes ? Mais les utilisons-nous vraiment, et dans quelles circonstances ? Un survol, quoique sommaire, d'écrits philosophiques, scientifiques et littéraires (à l'exception, nous le verrons, des contes pour enfants qui sont pleins de bons et de méchants) montre le faible usage qui en est fait ; en règle générale, il y est plus question de cruauté, de colère, de haine que Descartes range au nombre des six grandes passions humaines primitives et d'injustice que de méchanceté.

---

1. Friedrich NIETZSCHE, *La Généalogie de la morale*, Paris, Le Livre de poche, 1985, p. 39, et pp. 38-39 pour la citation suivante.
2. Friedrich NIETZSCHE, *Par-delà le bien et le mal*, Paris, Le Livre de poche, 1991, p. 343.

Nous connaissons des mots voisins, ou que nous supposons tels, comme « violence », « agressivité », « délinquant ». Ces derniers semblent même avoir notre préférence, faire partie de notre vocabulaire usuel. Ainsi que nous le verrons pourtant, violence et agressivité ont un sens différent et n'impliquent pas nécessairement de la méchanceté. Bref, quand bien même, dans quelque contrée reculée du territoire, désignons-nous encore à la vindicte populaire quelque « méchante femme », nous n'employons manifestement plus cette expression dans nos propos quotidiens. En d'autres termes, nos pensées sont, de nos jours, plutôt « vilaines » que « méchantes ». De même les figures humaines : il y en a de vilaines, et de belles, bien sûr, mais pas de méchantes. Quant aux affaires de justice, elles sont également aujourd'hui moins méchantes que vilaines.

Méchant : un simple mot d'enfant ? un petit mot « pas bien méchant » ?

« Méchant » : ce mot ne serait-il qu'un mot d'enfant ? Il semble en effet que l'enfant n'ait que ce mot à la bouche, mais seulement pour parler des autres, petits ou grands, qu'il ne trouve pas très gentils à son égard. « T'es méchante ! », clame le petit Louis dont nous avons déjà parlé (*Le Grand Chemin*) à sa jeune camarade qui vient de lui jouer un mauvais tour. Il suffit parfois à l'enfant de ne pas se sentir aimé pour croire qu'on est méchant avec lui – un jugement qui vaut aussi parfois pour les plus grands : « Dans ma carrière, se souvient Jean-Pierre, un instituteur suisse à la retraite, j'ai été ressenti comme méchant ; il me fut reproché par d'anciens élèves de ne pas les avoir aimés en raison de leurs difficultés, donc d'avoir été méchant [injuste ?] avec eux. »

Pour l'enfant, tout ou presque peut être méchant qui lui fait du mal. Le tout-petit qui se coince le doigt dans une porte considère ainsi que la porte est méchante. S'il vient à trébucher sur une pierre, la pierre, elle aussi, devient méchante. Et pour nous, adultes, un froid trop vif ou une pluie trop cinglante ne sont-ils pas de méchantes choses ?

« Méchant », à bien y réfléchir, c'est presque un petit mot charmant, pas bien méchant en somme ! « Quel grand méchant vous faites ! », dit Albertine au héros de Proust dans *À la recherche du temps perdu*, lequel refuse, au terme d'une bouderie, d'entrouvrir les lèvres où elle tente de glisser sa langue[1]. « Voyons, ne fais pas le méchant… Je t'ai promis le collier si tu étais gentille, mais du moment que tu me traites comme cela… », dit Saint Loup à Rachel, excédé par les caprices de sa maîtresse. Gentil et méchant, l'opposition est partout à l'œuvre. Le roman de Proust l'illustre bien, comme l'indique cet autre passage dans lequel la mère rappelle au héros un propos de sa grand-mère : « C'est curieux, il n'y a personne qui puisse être plus insupportable ou plus gentil que ce petit-là. »

Méchanceté : une affaire de morale ?

Pour tout moraliste, la méchanceté, c'est le mal qu'il faut supprimer comme symbole de manque de bonté ou d'excès d'animalité. La méchanceté ne serait-elle donc qu'une « question de moralité », selon l'expression de Cicéron ? Si oui, l'est-elle encore ? Sinon, qu'est-elle au juste ? Puisque à l'évidence nous avons largement oublié, dans nos sociétés modernes, les « bonnes mœurs » ainsi que la religion à laquelle elles semblent spontanément nous renvoyer, n'aurions-nous pas du même coup bouté

1. Marcel PROUST, *À la recherche du temps perdu*, Paris, Bibliothèque de La Pléiade, 1954, t. II, p. 835, ainsi que t. II, p. 178 et t. III, p. 655 pour les deux citations suivantes.

l'idée de méchanceté hors de la Cité et effacé les méchants de nos conversations ?

Méchanceté, amour : on se rappelle le Christ enjoignant de tendre l'autre joue après avoir reçu une gifle sur l'une, ou de bénir ses ennemis. « Pardonnez-leur, ils ne savent pas ce qu'ils font », disait Jésus à ses fidèles. Il s'agit bien, ce faisant, ce disant, d'opposer à la méchanceté l'amour, le pardon et la bonté. L'histoire sainte compte beaucoup de méchants – aussi nommés « pécheurs » ou « moqueurs ». Le « front levé », les méchants sont orgueilleux, convoitent le bien d'autrui, ne s'inquiètent de rien, et surtout pas de Dieu : ils triomphent en somme, mais ce triomphe ne peut être que de courte durée, car, disent les psaumes, les méchants sont voués à une fin terrible ; ils ne seront pas admis dans la « communauté des justes ». « Aucun malheur, est-il encore écrit dans les *Proverbes* (12, 21), n'arrive au juste, mais les méchants sont comblés de maux. » Pourtant, gentils ou méchants, la Bible n'est pas toujours très claire : ne nomme-t-elle pas « gentils » les païens, qui, gens infidèles, ne représentent à ses yeux que des méchants ?

Méchanceté, mal : la scolastique médiévale, incarnée par Thomas d'Aquin, oppose le Mal au Bien. Peut-être la méchanceté se trouve-t-elle dans une relation intime avec ce Mal que nous tiendrons ici, autant que faire se peut, à « bonne distance », car il n'est pas au centre de notre propos. À première vue, pour qu'il y ait méchanceté, il faut qu'existent le Bien et le Mal. Dieu, ayant fait l'un et l'autre, aurait, du même coup, créé les méchants. L'apôtre Paul peut ainsi rappeler aux Éphésiens « la puissance spirituelle de la méchanceté qui est dans les lieux célestes ». Mais, après tout, faut-il absolument croire au Mal pour croire à la méchanceté ? On connaît le fameux « ni bien ni mal » de Nietzsche. Pour l'auteur de *Par-delà le bien et le mal*, bien et mal ne sont que catégories issues de notre imagination. « Personne ne sait encore ce qui est bien et ce qui est mal », dit

Zarathoustra. Et Nietzsche d'énoncer toutes les mauvaises actions commises au nom du Bien : les croisés en Palestine à la conquête des lieux saints, les catholiques s'adonnant à l'Inquisition, les colonisateurs pillant le Nouveau Monde et en massacrant les populations – un livre ne suffirait pas à dresser la liste de toutes les exactions commises au nom de la loi, de la foi ou de la morale.

Mais bien entendu, surtout pour les croyants, le vrai méchant c'est le diable. Dans son *Enfer*, Dante ne lui attribue pas moins de sept mille fonctions. Le diable incarne l'hérésie, la noirceur, la nuit, les terreurs. Comme le dit Goethe, dans son premier *Faust*, le diable est tout ce que la raison ne peut comprendre. Pour les incroyants, au contraire, le méchant serait plutôt Dieu. « En réalité, rappelle le psychiatre Willy Pasini, le diable n'a jamais vraiment fait de mal, d'où l'expression de "pauvre diable"[1] ! » Un sondage, que rapporte cet auteur, réalisé en 1981 auprès de 12 463 Européens, indique que 25 % des gens se disent convaincus de l'existence du diable, auxquels s'ajoutent 12 % d'indécis. Parmi les qualificatifs attribués au démon, les plus souvent mentionnés sont « fourbe » (81,4 %) et « méchant » (78,5 %). En France, d'après un sondage Louis Harris de 1989, près de 40 % de la population reconnaît croire à l'existence du diable.

Poursuivons. La méchanceté, ne la retrouve-t-on pas sous la forme de certains régimes politiques ? La tyrannie n'est-elle pas, de ce point de vue, le plus « méchant » des régimes, étant admis que son ressort profond est d'inspirer la crainte et de susciter la terreur parmi les hommes ? Primo Levi, juif italien qui a été déporté au camp de Monowitz et qu'un journaliste interrogeait sur les comportements monstrueux

1. Willy PASINI, *La Méchanceté*, Paris, Petite Bibliothèque Payot, 2004, p. 87.

des SS, eut cette réponse : « C'était le système qui était diabolique, le système nazi était capable d'entraîner tout le monde sur la voie de la cruauté et de l'injustice, les bons comme les mauvais[1]. » Mais la tyrannie ne dit pas toujours son nom, elle avance parfois masquée. Les sinistres dictatures militaires ou civiles se nomment quelquefois « démocraties populaires » ou « républiques démocratiques » pour mieux se faire oublier…

La démocratie serait donc *a priori* le régime politique des « gentils ». Peut-être même est-elle davantage. Peut-être ignore-t-elle, tout simplement, les bons et les méchants : ne se veut-elle pas en effet, fondamentalement, l'expression d'une « société d'égaux » ? Il est vrai que la pensée démocratique efface les vieilles distinctions et les oppositions binaires. L'idée de sanction personnelle des uns contre les autres ne peut ainsi qu'être étrangère à ce type de société (individualiste de surcroît). De quel droit, en effet, les uns se prononceraient-ils contre les autres, puisque les uns et les autres sont censés être d'égale valeur ? « La démocratie ne peut pas juger », a dit quelque part l'éthologue Konrad Lorenz. Bien entendu, cette considération exprime une sorte d'absolu démocratique, ce que Lorenz encore (qui ne passait pas pour un grand démocrate !) qualifiait de doctrine « sur-démocratique ».

Alors, réellement, ni bons ni méchants en démocratie ? Le propos, bien sûr, ne résiste pas aux faits. Transigeons malgré tout : peut-être y a-t-il en ce régime, pour reprendre une autre expression de Lorenz, « des meilleurs et des plus mauvais », ou, pour rester dans notre propos, « des plus gentils et des plus méchants ».

Les enfants, en tout cas, semblent très tôt avoir l'intuition que les hommes ne sont pas naturellement bons, que la

---

1. Primo LEVI, *Le Devoir de mémoire*, Paris, Mille et une nuits, 1995, p. 63.

méchanceté fait partie de leur existence, que la dualité est au cœur de leur être. Et puisque les Lumières nous ont appris qu'il n'est ni bien ni mal, ce qu'Hugo exprime dans ses romans, peut-être, après tout, n'y a-t-il également plus de bons ni de méchants. On le sait bien, la notion de péché originel s'accorde mal avec les sociétés laïques. En ce sens, n'est-il pas légitime de se demander si la méchanceté n'a pas tout simplement été mise à la porte de la modernité ?

Premières significations étymologiques : à la recherche des synonymes et des contraires

« Méchant », le mot manque d'assurance ; la preuve en est qu'il figure au nombre des « difficultés de la langue française ». C'est ainsi que, dans le *Dictionnaire de poche de la langue française*[1], il est dit que l'adjectif prend un sens différent selon qu'il est placé avant ou après le nom. Placé *avant*, et appliqué aux choses et aux animaux, « méchant » signifie surtout « mauvais » : « une méchante paire de ciseaux », « un méchant chien tout pelé », « de méchants vers », « un méchant livre », « en m'aidant d'un méchant lexique », (Roland Dorgelès, *La Route des tropiques*), « les méchantes langues de l'endroit », « être de méchante humeur ». Ajoutons ces expressions de Victor Hugo : « de méchantes rencontres », « une méchante masure » (*Les Misérables*), ou bien encore celle d'Hervé Bazin : « le méchant crin du matelas » (*Vipère au poing*). En parlant des personnes, méchant se dit « de qui manque de mérite, de capacité » : « un méchant avocat », « il y avait seulement une méchante pianiste », « un méchant poète ».

Placé *après* le nom, « méchant » marque la malignité de la chose dont on parle : « un livre méchant », « des vers méchants », « une destinée méchante » (Victor Hugo).

1. Paris, Larousse, 1971.

Appliqué aux personnes et aux animaux, il signifie « qui est porté au mal, qui manque de bonté » : « un homme méchant », « un père méchant pour ses enfants », « attention ! chien méchant ».

Ouvrons à présent le précieux dictionnaire de français, qui sait tout sur tous les mots ; choisissez celui que vous voulez : Petit Robert, Larousse... à votre convenance. Les mots « méchant » et « méchanceté » y sont à leur place. Bénéficiant du privilège de l'ordre alphabétique, la « méchanceté » est le premier nommé. Nous lisons à son sujet : « n. f. : caractère de ce qui est méchant. » Nous voilà bien avancés ! Nous regrettons aussitôt de n'avoir pas lu, tout d'abord, « méchant », placé ensuite dans le texte. Que se dit-il, en effet, de ce mot-ci ? Qu'il est, en même temps, nom commun et adjectif qualificatif. Ce mot a bien de la chance de former un couple à lui tout seul ! Son étymologie nous apprend qu'il dérive de l'ancien français *meschoir* ou *mescheoir*, qui signifiait, au XIIe siècle, « tomber mal », « arriver malheur », « malchanceux », et que ce n'est qu'au XIVe siècle que le mot a pris, semble-t-il, le sens, plus moderne, de « porté au mal ». Jean de La Fontaine, dans quelques vers, illustrera, plus tard, ce dernier sens : « Vis, méchante, dit-il tout bas : À ton remords, je t'abandonne. »

Poursuivant notre lecture, nous observons que le méchant, ou celui qui se comporte méchamment, désigne la personne « qui fait délibérément le mal » ; gardons en mémoire l'adverbe « délibérément » qui, le moment venu, nous sera d'une grande utilité.

Mais revenons au premier terme : méchanceté. Christian Godin, qui l'évoque dans son *Dictionnaire de la philosophie*[1],

---

1. Christian GODIN, *Dictionnaire de la philosophie*, Paris, Fayard/Éditions du temps, 2004.

nous précise que dans son sens originaire, aujourd'hui disparu, la méchanceté (mot forgé en 1380) signifiait « le malheur », « la mésaventure », « un accident fâcheux ». Au sens classique, le mot désignait encore « le caractère de ce qui est défectueux », comme dans le sonnet de Trissotin du *Don Juan* de Molière ; un sens qui est également tombé en désuétude. Dans son sens actuel, la méchanceté désigne le « caractère de celui qui fait le mal intentionnellement et s'y complaît. Il y a dans la méchanceté quelque chose de prométhéen (ou de diabolique) qui n'est pas nécessairement présent chez l'homme mauvais » ; retenons ici le terme « intentionnellement ».

Que nous proposent les dictionnaires plus spécialisés de notre langue française, qui, d'ordinaire, en disent davantage, et parfois mieux, sur les mots ? Le premier d'entre eux[1] nous enseigne que méchant est un terme qui accentue le mépris d'une chose ou d'une personne et signifie « qui ne vaut rien ». Qui peut donc faire du mal par nature, est-il ici ajouté, avec ce propos de Maître Patelin tiré de la célèbre farce anonyme de la Renaissance : « Je suis lasse de la bataille/Vous êtes un bien méchant homme. »

Le deuxième dictionnaire[2] rappelle cette phrase de Madame de Sévigné : « que je vous plains d'avoir eu un méchant prédicateur ! » À méchanceté, mot que les rédacteurs visitent aussi, sont associés deux autres termes que sont « mauvaise qualité » et « médiocrité », avec cette phrase de Fontenelle : « La méchanceté même des vers marquait qu'ils parlaient d'un dieu qui avait un noble mépris pour les règles ou pour la beauté du style. »

---

1. Robert GORDIENNE, *Dictionnaire des mots qu'on dit « GROS »*, Paris, Hors Commerce, 2002, pp. 302-303.

2. Alain DUCHESNE, Thierry LEGUAY, *Santé paillasse ! Le sens caché des mots de la langue française*, Paris, Larousse, 2004, p. 201.

Le troisième ouvrage[1] revient sur le mot « méchant » de la façon suivante : « Appliqué à une personne, cet adjectif a à peu près le même sens, antéposé ou postposé : "C'est un méchant homme ou un homme méchant" (qui cherche à faire du mal) » ; retenons à nouveau, pour un usage ultérieur, le mot « cherche » qui exprime toujours l'intentionnalité : « Ce méchant homme va me tuer » (Jarry). Avec une chose, il peut être amphibologique en antéposition : « Il a écrit là un méchant livre ». Le sens varie selon le contexte : qui attaque méchamment quelqu'un ou une catégorie de la société ; il peut également signifier « sans valeur » : « Nous sommes tentés de dire que ses odes sont de méchantes odes [soit sans valeur] et ses épigrammes des épigrammes méchantes » (Faguet, cité par Le Bidoin). L'emploi de ce mot est parfois archaïsant, notamment dans certains tours figés : « L'oncle suprême était d'assez méchante humeur » (Marcel Aymé).

Le quatrième, qui est un dictionnaire de synonymes[2], illustre le mot méchant par une série d'expressions : « il s'est attiré une méchante affaire » (comprenons mauvaise). « Il se promenait avec un méchant pardessus tout râpé » (malheureux, misérable, pauvre). « Cet enfant est méchant avec ses camarades » (brutal). « Chien méchant » (dangereux). « Il éclate d'un rire méchant » (diabolique). « Vous n'allez pas vous fâcher, ce n'est pas bien méchant » (grave). « Il avait acheté une méchante voiture » (remarquable).

Le dernier ouvrage enfin, qui porte aussi sur les synonymes (et les contraires)[3], nous entraîne dans une véritable

1. Jean-Paul COLIN, *Dictionnaire des difficultés du français*, Paris, Le Robert, 2004, p. 341.

2. Émile GENOUVRIER, Claude DÉSIRAT, Tristan HORDE, *Dictionnaire des synonymes*, Paris, Larousse, 2003, p. 441.

3. Henri BERTAUD du CHAZAUD, *Dictionnaire des synonymes et contraires*, Paris, Le Robert, 2001, p. 466.

galerie de mots parents ou voisins. Retenons notre souffle et commençons l'inventaire (qui obéit à l'ordre alphabétique) :

MÉCHANCETÉ, n. f. I. Le défaut : agressivité, causticité, cruauté, dépravation, dureté, envie, fiel, hargne, jalousie, malice, malignité, malveillance, nocivité, noirceur, perniciosité, rosserie, sadisme, sauvagerie, scélératesse, vachardise (fam.), venin, vice. II. L'acte : 1. calomnie, canaillerie, coup d'épingle, crapulerie, crasse, malfaisance, médisance, noirceur, perfidie, saleté, tour, tourment, vilenie 2. injustice 3. facétie 4. *fam.* couleuvre, crasse, ganacherie, gentillesse, mistoufle, ordurerie, saloperie, « vachardise », vacherie. Soit un total de 46 synonymes.

MÉCHANT, E I. adjectif 1. au pr. : acariâtre, acerbe, acrimonieux, affreux, agressif, atroce, bourru, brutal, corrosif, criminel, cruel, dangereux, démoniaque, désagréable, désobligeant, diabolique, dur, félon, féroce, fielleux, grièche, haineux, hargneux, indigne, infernal, ingrat, inhumain, injuste, insolent, insupportable, intraitable, jaloux, malfaisant, malicieux, malin, malintentionné, malveillant, maussade, médisant, mordant, noir, nuisible, odieux, perfide, pernicieux, pervers, rossard, rude, sadique, sans-cœur, satanique, scélérat, sinistre, turbulent, venimeux, vicieux, vilain, vipérin. Soit 58 synonymes. 2. par ext. : malheureux, mauvais, médiocre, misérable, nul, pauvre, petit, pitoyable, rien. Soit 9 autres synonymes. II. fam. nom : bouc, canaille, carcan, carne, chameau, charogne, chipie, choléra, coquin, crapule, démon, fumier, furie, gale, ganache, harpie, masque, mégère, « Méphistophélès », ogre, peste, poison, rosse, salaud, sale bête, salopard, salope, salopiaud (ou salopiot ou « saloupiot »), Satan, serpent, sorcière, suppôt de Satan, teigne, tison, vachard, (peau de) vache, vipère. Soit 37 derniers synonymes. Notons au passage que l'animal méchant ici défini est le serpent, et plus encore la vipère, voire la couleuvre (avec des références au venin), et non le loup dont il sera beaucoup question par la suite.

Ouvrons, pour finir, les dictionnaires de philosophie, de sociologie, d'ethnologie, de psychologie et de psychanalyse. La plupart font silence sur les mots ici à l'étude, si bien que l'on passe sans transition du mot « mécanisme » à celui de « médiation ». La méchanceté serait-elle finalement à ce point un « mal » qu'il faille la taire ?

Parmi tous les synonymes mentionnés précédemment, deux paraissent trouver grâce chez nos contemporains : violence et agressivité. Ce dernier mot, on le sait, a été popularisé par les éthologues. Konrad Lorenz[1], en particulier, parle bien d'« agressivité » et d'« agression », pas de méchanceté. Ce n'est que tout à fait fortuitement qu'il indique, évoquant ces petits poissons « aux couleurs d'affiches » très attachés à leur territoire, que les tout jeunes peuvent se montrer très « méchants » ; ou bien encore qu'il précise, en observant les lions dévorant les buffles, qu'ils le font sans haine à leur égard : « leur face montre sans ambiguïté qu'ils ne sont point méchants. » Sans doute la différence entre l'agressivité et la méchanceté correspond-elle à une différence entre une notion psychologique et un terme moral, étant entendu que, par bien des aspects, les deux mots désignent les deux faces d'une réalité voisine ; nous en reparlerons.

Paradoxalement, donc, les mots « méchant » et « méchanceté », qui nous semblent pourtant si familiers, ne sont pas fréquemment utilisés dans la littérature spécialisée, que celle-ci soit de nature scientifique, juridique ou psychanalytique. Freud, par exemple, dans son fameux *Homme aux loups*[2], n'y fait que de rares allusions. Nous présentant l'histoire de son patient, il nous apprend que ce dernier avait

---

1. Konrad LORENZ, *L'Agression*, Paris, Flammarion Champs, 1977, p. 23, et p. 32 pour la citation suivante.
2. Sigmund FREUD, *L'Homme aux loups*, Paris, PUF, 1990, et pp. 11, 12 et 13 pour les trois citations suivantes.

une sœur de deux ans son aînée, « prématurément méchante », que lui-même était un enfant calme et doux, jusqu'à ce jour où il devint « mécontent, irritable, violent », traversant une « période de méchanceté » qui allait durer jusqu'à sa huitième année. Dans les textes plus contemporains, de droit en particulier, de rares mentions sont faites des termes cités. Un exemple est le serment du juré de cour d'assises (article 304 du Code de procédure pénale), dans lequel le juré est invité à examiner les faits de façon scrupuleuse et à « n'écouter ni la haine ou la méchanceté, ni la crainte ou l'affection ».

Paroles d'adolescents, paroles d'adultes : définitions préliminaires

Sollicités pour participer au petit exercice des synonymes, des adolescents, jeunes collégiens[1], dressent une longue liste, qui n'est pas sans rappeler, dans sa teneur, celle, plus officielle, évoquée précédemment :

MÉCHANCETÉ, dans l'esprit de ces jeunes, renvoie, par ordre alphabétique, à : agression, agressivité, colère, « côté obscur », couleur noire, courroux, cruauté, curiosité, guerre, harcèlement, hypocrisie, injures, insolence, insultes, jalousie, lâcheté, mal, malhonnêteté, maltraitance, menace, mensonge, mépris, monstruosité, moquerie (mauvaise blague ou, familièrement, « vanne »), parents, racisme, racket, sadisme, saleté, sans pitié, sévérité, torture, trahison, vengeance, viol, violence (pousser, frapper, donner des coups), vulgarité, mots auxquels il faut ajouter le terme inventé de « vilaineté ». Soit 38 synonymes.

---

1. Enquête réalisée par nous-même, à Paris, le 24 novembre 2004, dans un collège d'enseignement secondaire, auprès de deux classes de 6e (11-12 ans), soit au total 60 élèves, l'une étant de niveau scolaire supérieur, l'autre de niveau moyen.

MÉCHANT, E, les fait songer, toujours par ordre alphabétique, à : abominable, agresseur, antipathique (« pas sympa »), arrogant, cruel, curieux, démon, désagréable, diable, égoïste, embêtant, ennemi, frappeur, gifleur, grondeur, haineux, homme, horrible, hypocrite, impoli, incohérent, ingrat, injurieux, insociable, insolent, insulteur, lâche, maltraitant, manipulateur, mauvaise humeur, menteur, méprisant, moche, moqueur, pas généreux, pas gentil, pas sage, raciste, racketteur, radin, sale, Satan, tapeur, tricheur, tueur, vilain, violent, voleur. Soit 48 synonymes.

Signalons qu'il existe une différence significative entre les réponses selon le sexe. Les garçons mettent plus volontiers en avant la méchanceté *physique* ; c'est ainsi que le terme générique de « violence » est le plus souvent cité (14 fois) ; s'y ajoutent des mots plus précis, comme racket, agression, viol (cité au total 4 fois). Les garçons parlent donc d'abord de : « violents », « tapeurs », « gifleurs », « voleurs », « racketteurs » (10 citations au total). Les filles, au contraire, font plutôt référence à la méchanceté *morale* ; c'est ainsi que le « mensonge » est le mot le plus cité (4 fois), la « jalousie » (3 fois), la « moquerie » (3 fois également) ; elles soulignent plus fréquemment que les garçons combien « être méchant », c'est d'abord être « antipathique », avoir des comportements « désagréables », « égoïstes », voire « racistes » ou « haineux ».

Les adultes ne sont pas en peine de synonymes non plus. Écoutons ce témoignage de Jean-Pierre[1] (déjà nommé), instituteur retraité de soixante-cinq ans qui est citoyen suisse et se proclame « gaucho-syndicaliste, plutôt bon genre » : « *Plus con que méchant*, expression populaire qui résume mon approche du phénomène méchanceté. Quant aux

1. Tous les prénoms cités dans les exemples qui suivent sont des prénoms d'emprunt.

méchants occasionnels (et qui souvent sont mal à l'aise ensuite), je leur attribuerais le qualificatif de salaud. Il y a aussi les méfiants qui attaquent avant d'avoir à se défendre, les écrasés qui ont une revanche à prendre, les jaloux : peut-être la sous-catégorie de frustrés convient-elle. »

Nous approchons des premières définitions utiles ; nous les avons voulues, dans un premier temps de l'enquête, assez spontanées, non mûries par un long temps de réflexion. Comme on pouvait s'y attendre, la notion de « faire du mal à quelqu'un » (qui peut être un animal, surtout pour les petits, les enfants) est prépondérante. Naturellement, de nombreuses variantes apparaissent entre les définitions. Pour Olivier par exemple (16 ans), être méchant, c'est « faire le mal sans discernement, le méchant attaque pour attaquer ». Pour Cyril (21 ans), « le méchant, c'est quelqu'un qui fait du mal, sous quelque forme que ce soit (physique, morale…), à d'autres êtres vivants quels qu'ils soient : hommes, animaux ou plantes, et ce, de façon volontaire ». La notion d'acte « volontaire » est souvent évoquée explicitement – ou très sous-entendue : c'est bien sciemment que le mal semble être fait. Un petit sondage, réalisé auprès d'un groupe d'une quinzaine d'adolescents d'une classe de 1re (de 15 à 17 ans), montre ainsi que, dans une proportion de deux tiers, l'intentionnalité est prise en compte.

Qu'en pensent les adultes ? Prenons un témoignage, celui de Marie-Laure (38 ans), assistante médicale parisienne, mère de trois enfants : « La personne méchante, c'est quelqu'un qui pose des actes ou des paroles, ou au contraire qui s'abstient d'agir en vue de faire du mal à une ou à plusieurs autres personnes. Le principe fondamental étant ce désir explicite, conscient et réfléchi, de faire du mal à quelqu'un. »

Posons le problème

Descartes dit que nous aimons les choses bonnes et que nous détestons les choses mauvaises, que nous éprouvons une « satisfaction intérieure » à faire le bien et de l'amertume à commettre le mal. L'homme, ajoute-t-il, désire nécessairement le bien et a le mal en abjection, car il n'est de jouissance que du bien, pas du mal. Mais le philosophe ne tarde pas à adoucir et à nuancer son propos, finissant par admettre que c'est la connaissance, et elle seule, qui trace la ligne de partage entre bien et mal, tant il est vrai que l'homme considère d'abord comme bonne la chose qui lui convient : « Car nous appelons communément bien ou mal ce que nos sens intérieurs ou notre raison nous font juger convenable ou contraire à notre nature[1]. » C'est donc ici considérer qu'une chose, même mauvaise (moralement, sans doute), mais que nous jugeons convenable, est bonne. Difficile, admettons-le, de suivre notre bon philosophe sur ce chemin escarpé !

Deux grandes philosophies se disputent sur ce sujet. Suivant la première, que l'on pourrait nommer *philosophie de la bonté*, l'homme n'est pas naturellement méchant, c'est la société qui l'entraîne à se mal comporter. Platon et Rousseau incarnent évidemment cette philosophie. On se souvient de la phrase

1. René DESCARTES, *Les Passions de l'âme*, Paris, GF-Flammarion, 1996, p. 151.

fameuse de l'auteur d'*Émile* : « Les hommes sont méchants, une triste et continuelle expérience dispense de la preuve, cependant l'homme est naturellement bon, je crois l'avoir démontré[1]. » Pourtant, nonobstant les misères humaines, Rousseau conserve malgré tout sa confiance en Dieu et ne croit pas en sa férocité ni en sa malice. Selon la seconde philosophie, que l'on pourrait qualifier de *philosophie pessimiste*, l'homme est méchant, et même foncièrement. Hobbes et Nietzsche représentent ce courant de pensée.

Entre ces deux philosophies, glissons la notion de « systèmes de désirs » selon laquelle l'homme est animé à la fois par l'amour et par la haine. Freud est le plus illustre représentant de cette pensée qui s'articule autour des concepts de pulsions de vie et de pulsions de mort dont il sera plus longuement question dans le troisième chapitre.

À présent, quittons le domaine des idées et venons-en aux faits. La méchanceté est *intemporelle* ; aussi loin que notre regard porte, l'homme s'est toujours comporté méchamment : la méchanceté est donc « sans âge ». Mais elle est aussi sans frontières : elle est *universelle* ; il n'est pas de contrées où elle n'ait existé et, bien entendu, elle est toujours de ce monde, à l'Est comme à l'Ouest, au Nord comme au Sud. Avec le plaisir de faire la guerre, mais aussi l'amour, la méchanceté semble appartenir aux réalités de la vie humaine. Freud nous assure qu'il n'est manifestement pas facile pour les hommes de renoncer à satisfaire ce qu'il nomme un « penchant à l'agressivité », parce qu'ils ne ressentent aucun bien à ce renoncement.

Y a-t-il aujourd'hui moins de méchanceté qu'autrefois ? Nos ancêtres étaient-ils plus brutaux que nous le sommes, nous qui profitons des prétendus progrès de la civilisation ? Rien n'est moins sûr. Les nombreux conflits qui ont secoué la planète au

---

1. Jean-Jacques ROUSSEAU, *Discours sur l'origine et les fondements de l'inégalité parmi les hommes*, Paris, Gallimard, 1985, p. 71.

cours du dernier siècle (avec notamment deux guerres mondiales et des dizaines de conflits locaux), et qui la secouent encore quotidiennement, les crimes de sang, qui sont perpétrés avec une étonnante constance, attestent sans aucun doute d'un fort « instinct » des hommes à l'agressivité et à la méchanceté. Mais si les hommes se sont toujours battus militairement, s'ils ont toujours tué « civilement » leur prochain, il fut des temps (anciens) où ils surent aussi, par nécessité sans doute, se montrer pacifiques ; peut-être parce qu'ils devaient alors mobiliser toute leur énergie pour se défendre et lutter contre une nature inhospitalière et peu généreuse. Dans ces premiers temps, que l'on dit de la « préhistoire », les rivalités entre communautés et les querelles de familles se réglaient donc publiquement, au cours de duels codifiés et ritualisés, ce qui réduisait d'autant les conduites méchantes, agressives et guerrières des individus. Si l'agressivité surgissait malgré tout, c'est que souvent la nécessité, autant dire la pénurie, la produisait. Aujourd'hui, ce serait plutôt l'abondance qui l'expliquerait. Dans une société matérialiste comme la nôtre, où la richesse est constamment convoitée, la méchanceté se présente d'abord comme un instrument permettant de se l'accaparer.

Pourquoi la méchanceté ? D'où vient-elle ? De quelque démon ou esprit malin ? D'un « coupable invisible », comme le dit le philosophe Francis Wolff ? À quelles sources d'énergie puise-t-elle ? À quelles conditions et pourquoi se transforme-t-elle quelquefois en force destructrice ? Mais d'abord, la méchanceté existe-t-elle ? N'est-elle pas, comme Bourdieu l'a rappelé pour « la jeunesse », un simple « mot » ? Quelles drôles de questions, pensera-t-on : la méchanceté est là, présente partout, toujours (nous l'avons vu), faisant quotidiennement la une des journaux ; nous la croisons nous-mêmes de temps à autre, en sommes victimes quelquefois. Comment donc pourrions-nous douter de sa réalité ? Les faits abondent qui plaident en faveur de son existence. La littérature elle-même, celle des grandes personnes, mais aussi la littérature pour enfants, en raffole, la préférant du reste aux « livres de charité », selon le mot de Baudelaire évoquant Hugo et ses *Misérables*.

C'est, par conséquent, incontestable : l'homme se montre méchant envers ses semblables ; il ne les aime pas toujours, les hait quelquefois. Il leur fait du mal, ou pense à leur en faire ; il les tue même de temps à autre (situations qui se répètent, hélas ! sans relâche). L'Histoire est ainsi pleine de méchants : Attila, Gengis Khan, Ivan le Terrible, Hitler, Staline, Milosevic... Les petites histoires elles-mêmes, celles que l'on raconte aux enfants, sont pleines de méchants, de sorcières qui ne sont pas « bien aimées » au contraire de celles, plutôt sympathiques, qui tiennent la vedette à la télévision, d'ogres et de marâtres ; autant de méchants qui, nous le verrons, sont plus que dans la vie réelle en parité des hommes et des femmes.

C'est peut-être, après tout, parce que l'homme, à la différence de l'animal, est doué de raison et de liberté qu'il peut vouloir le mal de son prochain. Avec sa liberté, qui est certes relative, comme nous le rappelle Hegel, l'homme peut faire, ou s'abstenir de faire, n'importe quoi. Il peut donc faire le mal comme ne pas le faire. Il peut aussi se faire du mal à lui-même. Bernanos écrit en ce sens que « la dernière chose dont l'homme soit capable est d'être "bête et méchant" tout seul, condition mystérieuse réservée sans doute au damné[1] ».

Ajoutons, pour compléter notre propos, que les désirs des hommes étant infinis, les rivalités qui divisent ces derniers peuvent les pousser à la méchanceté. Mais c'est peut-être aussi parce qu'il existe une multitude de conduites méchantes qu'il n'y a pas de méchanceté *en soi*, ce que soutient Nietzsche, par exemple. Kant, lui, dit que l'homme n'est sans doute pas assez déterminé pour se figer dans la méchanceté considérée comme

1. Georges BERNANOS, *Les Grands Cimetières sous la lune*, Paris, Le Livre de poche, 1938, p. 13.

volonté du mal pour le mal. C'est dire combien la méchanceté dépend d'abord de lui.

Que voulons-nous dire précisément lorsque nous parlons de méchanceté ? Sans doute, en tout premier lieu, qu'il y a des réalités qui nous semblent en relever, des réalités très *subjectives*. En ce sens, les mots de « méchanceté » et de « bonté » doivent toujours s'entendre en fonction de la subjectivité des individus qui les utilisent. Spinoza dit ainsi qu'il n'y a pas de Bien ou de Mal en soi, mais seulement « du bon ou du mauvais pour moi ». Le méchant, c'est donc d'abord celui que je juge ainsi ou que je ressens comme tel ; pour le capitaine Crochet du célèbre dessin animé de Walt Disney, ce n'est pas lui, le méchant, mais Peter Pan. Chacun met sous le mot ce qui lui plaît, c'est-à-dire ce qu'il sent et ressent. On est de ce fait toujours le méchant de quelqu'un. Pour l'inspecteur Javert des *Misérables*, Jean Valjean était un forçat particulièrement méchant ; pour le pauvre Champmathieu, injustement accusé, dans la même histoire, d'un vol de pommes, et confondu avec ledit forçat, l'avocat général qui requiert contre lui est très méchant ; pour Fantine, gravement malade, est méchant le médecin qui ne veut pas la laisser voir sa fille avant de mourir. Pour Mme Reed, Jane Eyre, l'héroïne de Charlotte Brontë, était assurément une enfant méchante, insupportable, boudeuse, sournoise, en un mot mauvaise, passant son temps à faire de « méchants tours ». Pour Moïse, coupable d'avoir tué un Égyptien, le peuple égyptien était l'incarnation même de la méchanceté. Pour les Romains, le méchant, ou l'ennemi, c'était le « barbare » : Goths et autres Vandales. Les révolutionnaires de 1789, pour les monarchistes, leurs ennemis, étaient de fort mauvais hommes, féroces et sanguinaires. Et, bien entendu, les monarchistes, pour les hommes de la Révolution, n'étaient que d'affreux tyrans, ennemis du peuple. Prenons un dernier exemple : Napoléon, dont on vient de célébrer, en pompes d'ailleurs plutôt modestes, le bicentenaire du couronnement, n'est-il pas devenu l'une des figures les plus controversées de notre histoire ? Remarquable auteur du

Code civil pour les uns, despote militaire pour les autres : un « Robespierre à cheval », dira Hugo pour qui Waterloo signera la « fin de la dictature ». On se souvient que pour le « parti de 1814 », qui applaudit à la Restauration, Buonaparte, comme il le nomme, représentait « l'Ogre de Corse », l'usurpateur, le tyran, « le monstre qui était l'amant de ses sœurs », l'empoisonneur de Jaffa, « le tigre ». On se souvient enfin que, pour les défenseurs du coup d'État de Louis-Napoléon, en décembre 1851, les républicains n'étaient que des « rouges » condamnables.

Autant dire que chacun a sa façon de concevoir la bonté et la méchanceté : « La bonté, disait Javert, qui consiste à donner raison à la fille publique contre le bourgeois, à l'agent de police contre le maire, à celui qui est en bas contre celui qui est en haut, c'est ce que j'appelle de la mauvaise bonté. C'est avec cette bonté-là que la société se désorganise[1]. »

Nous retrouvons ici Nietzsche et sa question fondamentale : « Dans quelles conditions l'homme a-t-il inventé les jugements de valeur bon et méchant[2] ? » Les puissants, rappelle Nietzsche, se sont autodéfinis comme étant des hommes bons, bons car utiles, renvoyant la « populace » à sa méchanceté, puis, ajoute-t-il, les juifs et les chrétiens (à son grand dam) ont inversé les perspectives et décidé que les misérables et les pauvres étaient, seuls, bons. Nietzsche précise que pour les faibles (d'esprit), tout esprit supérieur s'apparente toujours à ce qui est méchant (*Böse* en allemand). Mais, à ses yeux, les méchants, ce sont bien « les hommes du commun », grossiers et pleins de ressentiment, autant dire les juifs, qu'il qualifie de « haineux ».

La conception de la méchanceté varie, assurément, selon les cultures, mais aussi selon les époques. Rien n'illustrera mieux ce

---

1. Victor HUGO, *Les Misérables*, Paris, Le Livre de poche classique, 1995, tome premier, p. 216.
2. Friedrich NIETZSCHE, *La Généalogie de la morale*, *op. cit.*, p. 10.

propos qu'un exemple emprunté à Norbert Elias[1] : à Paris, au XVIe siècle, rapporte-t-il, on avait pour coutume de brûler vifs une ou deux douzaines de chats à l'occasion des festivités de la Saint-Jean. Le peuple s'assemblait. Les musiciens jouaient des airs allègres. Accroché à un genre d'échafaud, un sac ou un panier plein de chats. Le sac – ou le panier – se mettait à brûler lentement. Puis les chats tombaient dans le brasier et y flambaient pendant que la foule se réjouissait de les entendre crier et miauler. Il s'agit là, pour nous qui nous flattons de protéger les bêtes et qui enverrions devant le juge quiconque se comporterait ainsi, de véritables actes de barbarie. Mais, souligne Elias, les crémations de chats à l'occasion de la Saint-Jean représentaient alors une véritable institution sociale.

Autre exemple : chez certains peuples « primitifs », il est normal, et même méritoire, de tuer ses vieux parents pour leur éviter la décrépitude et la déchéance ; dans nos sociétés, au contraire, un tel acte est passible de la cour d'assises.

Tout cela confirme, comme nous l'avons dit, qu'il n'existe pas de méchanceté *absolue*. Enfin, retenons pour l'heure que la méchanceté exprime une relation interindividuelle, qu'elle résulte d'abord d'un jeu de « nominations », qu'elle est ce que nous disons ou croyons qu'elle est, qu'elle est donc plutôt relative.

« Méchant », « méchanceté », ce n'est peut-être pas, après tout, du pareil au même ; les deux mots n'ont, pour nos interlocuteurs, pas toujours la même pertinence. Pour Marie-Laure (38 ans), déjà citée, si le terme de méchanceté prête en effet à la réflexion, l'appellation de méchants est inappropriée ; elle pose même, dit-elle, un problème éthique, car elle présuppose un jugement sur la personne elle-même. Et la jeune femme d'ajouter :

1. Cité par Alexander MITSCHERLICH, *L'idée de paix et d'agressivité humaine*, Paris, Gallimard, 1970, pp. 184-185.

> *On ne peut ni réduire ni assimiler une personne à son acte. Je crois qu'une personne est et reste fondamentalement ce qu'elle est, quoi qu'elle fasse. Et c'est la raison pour laquelle elle peut toujours se sortir d'une mauvaise habitude, aussi longue et destructrice soit-elle. De même, à l'inverse, quelqu'un de vertueux conserve toujours la liberté de faire du mal et de se pervertir. C'est la liberté humaine. Or, dire de quelqu'un qu'il est « méchant », c'est l'enfermer dans ses actes et nier sa liberté. Et, en faisant cela, on le condamne à rester dans cet état... Par contre, il faut que la personne soit responsable de ses actes et réprimandée pour le mal qu'elle a fait. C'est un service à lui rendre, car cela peut être pour elle l'occasion d'un revirement.*

Mettons ces propos en suspens, mais retenons l'idée d'une méchanceté comportementale, liée aux circonstances, d'une conduite dont nous présumerons pour l'instant qu'elle n'est pas définitive.

Quiconque s'interroge sur la question de la méchanceté a tôt fait de constater qu'elle figure parmi les plus vieilles préoccupations que l'on puisse recenser depuis que l'Histoire des hommes est connue. À première vue, l'on peut dire que la méchanceté est là, *a priori*, avec l'humanité. Elle est là dans sa réalité perpétuelle. Il n'est pas d'époque où on ne la croise sur quelque grand chemin sillonné par des bandits renommés, pas une époque où on ne la voie habiter quelque esprit supérieur ou plus ordinaire ; il semble que les forces méchantes poursuivent les hommes comme une malédiction, qu'elles entravent obstinément leur quête de bonheur et de sagesse. Comment alors s'étonner de la place éminente que ces forces occupent dans la mythologie, la cosmogonie et la théogonie ? Mais, paradoxalement, n'est-ce pas précisément le caractère banal de la méchanceté qui nous empêche de la penser, de la réfléchir comme il se doit ?

Pourquoi l'homme est-il méchant ? Pourquoi ce penchant à l'agressivité, à la haine ? Peut-on parler d'une constitution ou d'un caractère méchant ? N'est-ce pas plutôt un « fait de culture », le résultat d'un apprentissage social ou familial ? Qu'est-ce qui génère ce vilain défaut, ce « défaut repoussant », comme disait jadis le Dr André Berge ? En somme, qu'est-ce qui anime les méchants ? Sont-ils des êtres pleinement humains ? Et à quoi reconnaît-on un méchant ? Nous verrons que l'identification en est plus délicate qu'on ne le pense. Où commence donc la méchanceté, et par quels procédés peut-on repérer ce commencement ? Sans doute, la méchanceté, qui est, comme il a été dit, plutôt *relative et subjective*, se situe-t-elle sur un axe allant de la bonté à la cruauté. Mais nous ne sommes guère plus avancés en disant cela.

Voilà ce que nous pouvons indiquer à l'issue d'un premier mouvement de pensée. Nous voyons d'emblée que nous ne pourrons aborder toutes ces interrogations, qui sont essentielles, sans recourir – fût-ce raisonnablement, comme nous nous y sommes engagé – aux notions majeures de bien et de mal, voire de « déviation morale ». Rappelons-nous Kant qui voit dans la méchanceté l'une des formes du « penchant » de l'homme au mal.

Toutes sortes d'idées reçues circulent en ce domaine. Il serait des individus plus méchants que d'autres : les Noirs, les petits, les hommes, ou les femmes que Nietzsche jugeait infiniment plus méchantes que les hommes... Les méchants, assurément, sont nombreux et revêtent divers aspects. Nous les retrouverons dans la grande « galerie des méchants » de notre quatrième chapitre, en train de construire leur acte méchant. Mus par la soif de pouvoir ou le simple plaisir, nous les verrons s'avancer parmi nous à visage découvert ou masqués.

Existe-t-il une *utilité* sociale de la méchanceté ou des méchants ? N'est-ce pas le méchant qui atteste de la réalité du bon et le grandit en quelque sorte ? Si l'homme n'avait pas la capacité d'être méchant, y aurait-il encore un sens à dire qu'il est bon ? Sans méchants, pas de gentils, puisque, à première vue, un monde de gentils est impensable – ce serait un monde de dieux… Par conséquent, pas de bonté possible sans méchants à combattre.

Ce sont toutes ces questions, et quelques autres, qui forment la trame de cet essai. Il s'agit en quelque sorte de mettre « bon ordre » en un domaine souvent mal borné ; toutes les études sur la méchanceté, qui ne sont pas très nombreuses à vrai dire, finissent en effet par s'écarter du sujet au point de traiter quelquefois de tout autre chose : du mal, de la violence, du vice… Bien entendu, et suivant en cela l'enseignement de Cicéron, toutes les fois que l'on entreprend de traiter d'un sujet méthodiquement, l'on doit prendre comme point de départ une définition afin d'en avoir une idée claire. Ainsi, définirons-nous tout d'abord la méchanceté comme *la volonté de faire sciemment du mal à autrui ou à soi-même*, nous accordant de la sorte avec la pensée d'Hegel ; autant dire que ce dernier nous servira souvent de référence fondamentale. Ajoutons – et ce sera la seconde trame de notre analyse – que nous tiendrons la méchanceté moins comme une offense au Bien, dont la réalité est mal assurée[1], que comme une violation de la loi et des mœurs venant troubler l'harmonie des rapports sociaux ; sur ce dernier point nous divergerons très sensiblement de Kant pour qui la méchanceté s'apprécie au regard de la seule loi morale – un acte, à ses yeux, pouvant être bon selon la loi juridique et mauvais selon la loi morale.

1. Le Bien a de nombreux adversaires ; l'on pense ici bien sûr à Nietzsche, mais également à Hegel : « Considérées en elles-mêmes, les tendances et inclinations ne sont ni bonnes ni méchantes ; c'est dire que l'homme les possède irrémédiablement en tant qu'essence naturelle », écrit ce dernier dans *Propédeutique philosophique*, *op. cit.*, p. 66.

Chapitre 1

Un comportement très ordinaire

Entre bonté et cruauté

Tout homme, même le meilleur,
a en lui une dureté irréfléchie
qu'il tient en réserve pour l'animal.

Victor HUGO, *Les Misérables*

Nous nous intéressons ici, d'abord et principalement, à la méchanceté « ordinaire », non à la méchanceté « guerrière ». Il nous faut malgré tout dire quelques mots de celle-ci pour ne plus avoir à y revenir par la suite, sinon ponctuellement.

Cette méchanceté par les armes bénéficie, de lointaine tradition, d'une certaine complaisance : « La guerre, c'est la guerre », disaient hardiment nos aînés, voulant par là excuser les exactions commises, car, nous le verrons, le soldat, quoi qu'il fasse, est un méchant. Il s'agit bien pour lui, sur le champ de bataille, de défaire l'ennemi à tout prix, c'est-à-dire à toute force, quels que soient le coût et la nature de ce combat. Cet impératif de « liquidation », on le sait, a poussé, et pousse encore quelquefois, aux pires atrocités, il donne lieu à d'innombrables et, parfois, innommables, actes de barbarie et de cruauté ; on connaît l'importance de la torture dans les guerres, civiles ou militaires, les humiliations infligées aux prisonniers que l'on assimile assez spontanément aux « forces du mal ». La guerre d'Irak nous montre que même les nations les plus démocratiques, comme les États-Unis ou la Grande-Bretagne, sont capables de se livrer à des conduites peu compatibles avec les lois de la guerre et le respect de la dignité humaine.

La méchanceté guerrière se nourrit généralement de la propagande et des slogans ; les citoyens sont invités à défendre « la patrie », « l'honneur national », quelquefois même « la race supérieure ». Cette méchanceté est nourrie par un entraînement spécifique qui vise au conditionnement absolu du combattant : on apprend au soldat à souffrir, à voir et à faire souffrir l'adversaire du lendemain qu'il lui faudra tenir pour un « être de rien » ou considérer comme le suppôt d'une « force démoniaque ». Bien entendu, à la fin de toutes les guerres, l'on entend, ici et là, sous forme d'incantation : « Plus jamais ça ! », mais les hommes n'ont de cesse de recommencer toujours leurs jeux mortels.

Dans cet essai, nous ne parlerons pas beaucoup non plus de la méchanceté « criminelle », puisque, dans ce cas de figure, l'intention constituant le plus souvent l'infraction (elle en est même un des critères de définition), la méchanceté est avérée.

Qui est méchant ?

Les méchants sont parmi nous, partout. Vraies « natures » ou personnages composés, ils nous environnent ; nous les reniflons comme le chien sa proie à quelque orée de bois. Mais à quoi les reconnaît-on ? Au nom qu'ils portent ? On le sait, le méchant en a plusieurs, qu'il utilise à sa guise ou qu'on lui donne : voyou, dur, gangster, crapule, caïd, salaud (le mot préféré de Jean-Paul Sartre), racaille (le mot préféré de Nicolas Sarkozy)... Les noms changent ou non avec les époques, mais, bien entendu, c'est le même genre de personnes, toujours fidèles, que l'on croise aux rendez-vous de

« l'histoire de la méchanceté ». C'est ce qui nous autorise, au demeurant, à parler de « nature humaine » ou de « condition humaine » (sans doute l'homme fait-il l'expérience des deux !), et à soutenir qu'il est pratiquement impossible pour l'être humain, nous l'avons vu, de ne pas être méchant au moins de temps en temps. Certains philosophes, comme Hobbes, ont même prétendu que *L'homme est un loup pour l'homme* ; ce n'est pas très gentil pour le loup, qui n'est sans doute pas aussi méchant qu'on le prétend – mais de cela nous reparlerons le moment venu. D'autres, plus optimistes, à l'image de Rousseau, ont soutenu au contraire, nous l'avons vu aussi, que l'homme est un être plutôt gentil, surtout au sortir de l'état de nature, que c'est ensuite que les choses se gâtent, quand il entre dans la société. C'est à ce moment-là qu'il devient méchant, à cause de la collectivité qui le corrompt.

Qui est méchant ? Pour qui ? Nous revenons à la subjectivité précédemment évoquée. Pour le faible, le méchant c'est évidemment le fort. Pour l'agneau, c'est le loup ou l'oiseau de proie ; pour la poule, le renard ; pour la souris, le chat, etc. On se dit alors que les bons sont ceux qui ne font de mal à personne, qui n'agressent pas, ne se vengent pas, etc.

Et chez les hommes ? Les puissants sont-ils méchants ? Assurément, ils le sont pour les plus faibles. Nietzsche n'a de cesse de nous le dire. Mais est-ce là la vérité ? Oui et non. Oui si, puissants, ils le sont devenus par quelque ruse ou malhonnêteté. Descartes dit que c'est, en une certaine façon, faire du mal que de posséder un bien dont on n'est pas digne. Non, peut-être, dans les autres cas.

Nous pressentons très vite que la vérité est sans doute partout et nulle part en même temps. « Gentils » d'un côté, « méchants » de l'autre, ce serait une explication trop facile ! Ne peut-on imaginer que ce sont les mêmes personnes qui tiennent les deux rôles au gré des circonstances et des occasions ? Mélanie Klein, une psychanalyste qui s'est beaucoup intéressée aux enfants, dit que nous naissons tous agressifs et que nous passons notre vie à tenter de nous débarrasser de cette agressivité par l'amour – il est vrai que nous poursuivons souvent l'amour comme de vrais forcenés.

Parlerons-nous donc d'un « penchant à la méchanceté » ? Les témoignages abondent en ce sens. On se souvient, dans le roman de Zola *La Fortune des Rougon*, des paroles de Miette, jeune adolescente de treize ans, petite amie de Silvère : « J'ai des envies d'être méchante. » On pourrait ici parler d'une fascination pour la méchanceté. Le mal est séducteur en effet – et contagieux. À force de le regarder, on peut s'éprendre de lui : « Celui qui lutte contre les monstres, disait Nietzsche, doit veiller à ne pas le devenir lui-même. Or, quand ton regard pénètre longtemps au fond d'un abîme, l'abîme, lui aussi, pénètre en toi[1]. »

Les enfants, en tout cas, connaissent bien ça, « les méchants » ; leurs jeux ne les oublient jamais. En face, bien sûr, il y a « les gentils ». Évidemment, les enfants dits méchants (par habitude ? par nature ? nous verrons plus tard) préfèrent plutôt jouer les méchants ; ça ne leur est pas trop difficile puisqu'ils le sont le reste du temps (c'est du moins ce que l'on dit), quand ils ne jouent pas. Les enfants considérés comme gentils, quant à eux, se moquent de jouer les méchants ou les gentils et incarnent les deux selon leur humeur.

Comme tous les enfants, j'ai connu des jeux comportant des « méchants » et des « gentils ». Il y en avait un que je me rappelle bien, c'était le jeu des cow-boys et des Indiens. À mon époque, bien sûr, les méchants, c'étaient les Indiens, d'abord parce qu'ils avaient l'air méchant, et ensuite parce

1. Friedrich NIETZSCHE, *Par-delà le bien et le mal*, *op. cit.*, maxime 146, p. 166.

qu'ils se conduisaient en méchants : ils scalpaient tous les cow-boys qu'ils pouvaient – qu'ils appelaient des « visages pâles » parce qu'ils étaient blancs, évidemment. Quant aux gentils, c'étaient les cow-boys, d'abord parce qu'ils avaient l'air gentil et ensuite parce qu'ils se conduisaient comme des gentils : ils gardaient des bêtes, habitaient de petites maisons tranquilles dans la prairie ou ailleurs. Maintenant que je suis adulte, je sais bien que les gentils de mon jeu ne l'étaient pas autant que ça, qu'ils spoliaient les Indiens à qui ils prenaient leurs biens, leurs terres surtout, qu'ils les tuaient s'ils le pouvaient. Je sais également que les Indiens du Far West n'étaient pas aussi méchants que mon jeu le disait, qu'ils aimaient, comme les Blancs, leurs femmes et leurs enfants et vivaient comme eux, paisiblement, dans leurs prairies ou leurs montagnes, ne voulant de mal à personne, juste vivre en paix.

Comme quoi, gentils ou méchants, la différence n'est décidément pas simple à établir ! Qui ne se souvient des grands colonisateurs : Espagnols, Portugais, Anglais, Français, etc., lesquels, brandissant l'étendard de la civilisation chrétienne, ont fait la même chose avec les peuples du Nouveau Monde, qu'ils qualifièrent promptement de « sauvages » pour mieux les piller et les exterminer ! À noter qu'il y a toujours des Américains pour tuer non plus des Indiens (il n'y en a plus beaucoup), mais des Irakiens. C'est au nom de la démocratie et de la liberté, disent ces Américains, mais personne de raisonnable ne les croit. Nous savons bien que, s'ils tuent ces hommes-là, c'est pour leur voler ce qu'ils ont : pétrole, mais aussi dignité.

Une chose est sûre, le méchant, comme l'enfer pour Sartre (qui s'y connaissait en désamour de son prochain), c'est l'autre. La méchanceté, on la rejette d'ordinaire hors de soi et l'on se peint volontiers comme la victime de méchancetés injustes ou gratuites. Méchants, nous ne voulons pas l'être nous-mêmes : un méchant, ça a trop mauvaise réputation !

Même le terrible criminel Émile Louis, condamné à la réclusion à perpétuité pour l'assassinat de sept jeunes filles, ne veut plus endosser ce rôle qui est un mauvais rôle aux yeux de l'opinion publique ; alors, il dénie toutes les accusations qu'il avait d'abord reconnues comme fondées.

De toute façon, vouloir observer sur nous-mêmes un comportement méchant, si bien intentionnés que nous soyons, c'est assurément nous abuser dans la mesure où une bonne partie de notre penchant à la méchanceté œuvre en nous à notre insu. Il se dérobe donc à notre observation. Cela dit, comme nous avons peur de ces forces obscures qui nous habitent, nous refusons généralement d'en faire une problématique personnelle. Par conséquent, la méchanceté, nous la jugeons toujours comme étant *hors de nous*.

« Des souris et des hommes » : de la prétendue méchanceté des bêtes, de la réelle méchanceté des humains

Il est important de bien connaître les animaux avant de parler des hommes. Comme le dit en effet Victor Hugo, « les animaux ne sont pas autre chose que les figures de nos vertus et de nos vices[1] ».

On classe généralement les animaux en deux catégories : les animaux domestiques et les animaux sauvages. Les premiers, en raison de leur domestication précisément, sont plutôt paisibles ; les seconds, justement du fait de leur sauvagerie, peuvent être dangereux. Mais on peut faire d'autres classements, dire par exemple que l'espèce animale comprend deux groupes d'individus : ceux qui tuent et ceux qui sont tués ; ce qui permet de distinguer les animaux de proie

1. Victor HUGO, *Les Misérables*, *op. cit.*, p. 174.

ou prédateurs (insectes, reptiles, oiseaux, poissons, etc.), et les animaux dont ils se nourrissent, les proies.

Il est ainsi des animaux de sinistre réputation. Dans ce groupe – et en tête de classement – figure le loup, pauvre animal qui, nous le savons, concentre sur lui toutes les haines ancestrales des hommes. Nous nous rappelons bien sûr – souvent pour l'avoir apprise – la fable de La Fontaine *Le Loup et l'Agneau*. Le loup, « bête cruelle », attrape l'agneau qui se désaltérait et le mange « sans autre forme de procès ». La Fontaine ne consacre pas moins de sept fables à cet animal que l'on retrouve également dans *Les Loups et les Brebis*. Dans cette dernière fable, en dépit d'un accord passé avec les brebis et leurs chiens, les loups les dévorent tous ; d'où la morale de l'auteur « qu'il faut faire aux méchants guerre continuelle ». Le loup est même l'animal effrayant par excellence. Hugo, dans ses *Misérables*, ne compare-t-il pas la célèbre bande de Gaspard Bès à « une bande de loups » ? En réalité, tout ce qui touche, ne serait-ce que sémantiquement, au loup a mauvaise réputation. Pensons au *loup-garou*, qui est à la fois un être imaginaire et un malade atteint de lycanthropie, au loup cervier (le lynx) ou à l'herbe au loup (l'aconit). Depuis le XIIIe siècle, le loup est même à l'origine de nombreux proverbes et métaphores qui évoquent tous la cruauté, la férocité ou la malice. Citons-en quelques-uns : *Entre chien et loup*, *Avoir une faim de loup*, *La faim chasse le loup du bois*, *À pas de loup*, *Un froid de loup* (mais on dit aussi *Un froid de canard*) ou encore *Tomber dans la gueule du loup*. Quelle que soit l'époque retenue, dans nombre de contrées du monde, le loup inspire donc la peur et le malheur. Dans plusieurs mythologies – égyptienne, grecque, scandinave, germanique, par exemple –, le loup est d'ailleurs associé à la nuit, à la mort ou à la guerre. Chez les chrétiens, on le sait, il est synonyme de tentation et de péché ; il exprime même quelquefois la colère divine ; pensons à la célèbre bête du Gévaudan qui, au dire de l'évêque de

Mende, Choiseul-Beaupré, en 1765, en aurait été une flagrante manifestation. Loup et diable sont encore souvent associés sous la plume des gens d'Église – une association que l'on retrouve également dans nombre de récits folkloriques. « Le loup sauvage et destructeur, dit Bruno Bettelheim, représente toutes les puissances asociales, inconscientes et dévorantes, contre lesquelles on doit apprendre à se protéger et que l'on peut détruire par la force du moi[1]. »

Parmi les autres animaux réputés « méchants » (nous employons encore ce terme avec circonspection, nous réservant d'en valider ou non l'utilisation dans ce sens, le moment venu) se trouvent les animaux que l'on juge extrêmement nuisibles ou dangereux. Citons tout d'abord le serpent. Curieuse destinée que celle de cet animal. Tandis que, dans de nombreuses cultures, il est et reste le symbole de la connaissance et de la science (mais aussi de la mort et de la résurrection), pour les chrétiens, il est l'incarnation même du mal, le responsable de la déchéance humaine, l'instrument du démon pour avoir séduit et tenté Ève au paradis terrestre. Pour cette raison, nous n'aimons pas cette bête, surtout quand elle est réellement malfaisante et peut nous tuer, comme c'est le cas du python ou du cobra. Nous n'aimons pas davantage les crocodiles ou le rat. On dit de ce dernier de bien vilaines choses : qu'il dévore tout ce qui lui tombe sous la patte, qu'il est sale et porteur de maladies. Le rat, parce qu'il évoque la noirceur et la souillure, est bien en ce sens le rongeur maudit. Il est vrai que les rats qui voient arriver un congénère étranger sur leur territoire peuvent être à son égard d'une extrême cruauté et littéralement le déchiqueter. L'homme, par conséquent, est prêt à tout pour le

---

1. Bruno BETTELHEIM, *Psychanalyse des contes de fées*, Paris, Robert Laffont, 1976, p. 60.

faire disparaître. Dans son film *Le Chasseur de rats*, Andrzej Czarnecki raconte comment un chasseur, après avoir séduit les bêtes avec une pitance très alléchante, empoisonne cette nourriture. Toujours sur terre, nous connaissons d'autres créatures indésirables : la vipère, petite, sournoise, tueuse, et même les fourmis dont certaines espèces sont esclavagistes. En mer, c'est le requin qui a la plus mauvaise réputation. On raconte qu'il est un prédateur assoiffé de sang s'attaquant à tout ce qui bouge, hommes y compris, mais on sait aujourd'hui que le propos est largement exagéré. Dans les airs, le rapace, quel qu'il soit, est considéré comme méchant : le vautour et l'aigle semblent incarner à eux seuls toute la méchanceté volatile. N'oublions pas certains insectes comme un petit coléoptère du nom de Paussus qui prend un malin plaisir à dévorer l'abdomen des fourmis.

Les animaux de bonne réputation sont, eux aussi, connus : sur terre, la souris, surtout si elle est blanche, le cheval, qu'il soit de course ou de labour, le chien, le chat, la couleuvre aussi qui, contrairement à la vipère, est inoffensive ; en mer, le dauphin ; nous nous souvenons tous du célèbre Flipper de la série télévisée, animal courageux et généreux, amoureux des hommes s'il en est ; en rivière, citons l'écrevisse.

Toutes ces classifications ne résistent cependant pas toujours à une analyse rigoureuse. Les réputations se font et se défont au fil des circonstances, des époques ainsi que des conditions d'élevage. Ainsi, les souris, si douces d'ordinaire, se montrent-elles très agressives entre elles lorsqu'elles appartiennent à des groupes différents ; mais elles perdent cette agressivité quand elles sont élevées avec des rats. Quant à la colombe, symbole de la paix, elle n'a aucun scrupule à torturer l'une de ses sœurs jusqu'à ce que mort s'ensuive, nous dit Lorenz. Le chat, que nos sociétés occidentales aiment tant, était brûlé au Moyen Âge après qu'on l'eut condamné par véritable jugement ; associé au serpent dans la kabbale et le bouddhisme, il symbolise même le péché ; le bouddhisme l'accuse ainsi d'avoir été le seul animal à ne pas souffrir de la mort de Bouddha. Le cochon, qui mangeait quelquefois les petits enfants, subissait jadis le même sort. Mentionnons encore la chèvre, cet animal qui nous a tant amusés dans ce film noir et blanc où l'on en voit une lécher les pieds enduits de sel du malheureux Fernandel ; elle est aussi un « animal du diable ».

De fait, la réputation d'un animal varie beaucoup selon les cultures. Boris Cyrulnik nous rappelle que les singes, divinisés dans de nombreuses civilisations, grecque et égyptienne notamment, étaient, comme le chat, le cochon ou la chèvre, diabolisés dans l'Europe chrétienne de l'Ancien Régime. Lorsque les grands singes furent découverts au XVIIe siècle, ils ont été décrits comme des satyres et des êtres lubriques, coupables de malice et de viols sur les femmes. Dans cette même Europe, le bouc était associé au démon et à la luxure, et on sait qu'en Israël cet animal sert à expier les péchés humains, d'où l'expression de *bouc émissaire*.

Et puis, comme chez les humains, il existe chez les animaux des « ennemis héréditaires » qui bouleversent toutes ces réputations, par exemple les chiens et les chats : *Se regarder comme chien et chat* n'est jamais bon, on le sait ; pas plus que *Jouer au chat et à la souris* – le chat est en effet capable de rester des heures à l'affût de son ennemi (qu'il soit souris, poisson ou oiseau) pour l'attraper et le dévorer ; de même font les renards vis-à-vis des poules, les loups vis-à-vis des agneaux… C'est ainsi que l'on s'aperçoit qu'un animal réputé gentil – le chat, par exemple – peut être un vrai méchant pour plus petit que lui et pas seulement pour les raisons culturelles évoquées précédemment. La réputation d'un animal n'est en fait pas toujours conforme à la réalité de son comportement. Le cochon, par exemple, dont la réputation de saleté n'est plus à faire, n'est pas un animal aussi gentil qu'on le dit : au cours de son histoire, il a dévoré plus d'êtres humains que le loup.

Agressivité ou méchanceté ?

Nous l'avons dit, surtout à propos des animaux, l'on parle plus volontiers d'agressivité que de méchanceté. Les deux mots, on le sait, sont souvent pris l'un pour l'autre ; il est vrai que l'un et l'autre expriment, chacun à sa façon, la violence. Mais faut-il les tenir pour de vrais synonymes ?

Nous savons que ce qui distingue fondamentalement l'homme de l'animal, c'est l'instinct. Celui de l'animal est très développé. C'est la raison pour laquelle, dans le monde animal, la mère a un comportement maternel inné : elle manifeste « un instinct de sollicitude pour sa progéniture », estime Konrad Lorenz dans *L'Agression*. Si elle ne maltraite pas ses petits, c'est en raison d'inhibitions très fortes et très sûres. Freud, dans *L'Homme aux loups*, évoque quant à lui le « vaste savoir instinctuel » de l'animal. Parlons donc, pour revenir à notre propos, d'un « instinct d'agressivité », « agressivité » étant le terme privilégié par les éthologues.

Rappelons tout d'abord quelques faits. On sait que certains animaux peuvent se montrer particulièrement brutaux et cruels, y compris envers leur propre descendance. Les macaques mâles, par exemple, attaquent fréquemment les petits des femelles avec lesquelles ils sont en contact ; ils les tuent ensuite. Les mouettes adultes, quant à elles, s'en prennent volontiers aux petits qui s'éloignent imprudemment de leurs parents, et les lions dévorent, à l'occasion, leurs propres enfants. Les poissons, pour leur part, sont plus agressifs envers leurs propres congénères qu'envers n'importe quelle autre espèce. Il s'agit, pour toutes ces espèces, de protéger un territoire « familial » ou de se répartir au mieux sur un espace donné en évitant la surpopulation.

Les mâles sont-ils plus agressifs que les femelles ? En principe, oui. On explique, par exemple, la plus grande agressivité des chimpanzés mâles adultes par le fait que leur mère les punirait davantage que leurs sœurs quand ils sont petits. Mais il faut se garder ici de trop généraliser. Dès lors qu'il s'agit de défendre leur territoire ou de réaliser de bonnes conditions d'accouplement, mâles et femelles se montrent *pareillement* agressifs ; cette observation vaut, par exemple, pour les oiseaux et les mammifères. Dans ces circonstances, l'agressivité est dirigée contre l'intrus, avec plus ou moins de détermination. Les femelles peuvent ainsi se révéler assez – voire très – agressives quand une menace vise directement leurs petits ou lorsqu'une famille étrangère tente de s'introduire dans leur groupe. On observe encore que les mâles sont en principe moins agressifs envers les femelles qu'envers les autres mâles. Les petits sont-ils plus agressifs que les adultes ? Konrad Lorenz l'a vérifié chez les poissons. Mais on peut considérer que cette observation vaut pour les vertébrés en général.

Nonobstant les exemples déjà signalés, il semble que l'agression animale vise, de préférence, les individus étrangers – c'est ce que Lorenz nomme l'« agression discriminatoire ». Cette agression renforcerait le lien social des membres d'une même famille.

L'agressivité animale est-elle un fait biologique répondant à un besoin de l'espèce, l'un des instincts fondamentaux qui garantissent sa préservation ? Les travaux de Lorenz, et de ses collaborateurs, sur l'agression, vont en ce sens. Selon ces auteurs, l'agressivité permettrait, avant tout, d'assurer une répartition harmonieuse des individus dans l'espace disponible en fonction des possibilités de subsistance ; elle provoquerait la disparition des individus les moins adaptés, ne laissant subsister que les mieux armés pour la conservation de l'espèce. En d'autres termes, l'agressivité animale se distinguerait de l'agressivité humaine en ce qu'elle serait, essentiellement, une agressivité *défensive* ayant une finalité d'efficacité : assurer à l'individu et au groupe la sécurité et la cohésion ; seule l'agressivité humaine pourrait n'être inspirée par aucune considération vitale et ne répondre qu'au pur plaisir.

Ces conclusions ne sont pas, il faut le souligner, partagées par tous les éthologistes. Certains, par exemple, considèrent qu'il n'y a pas, chez l'animal, de conduite fondamentale d'agression ni d'instinct de combat, mais des réponses d'apparence agressive à des stimuli exogènes. De nombreux travaux de neurophysiologistes et de psychologues expérimentaux infirment également la thèse de l'existence d'une pulsion agressive ; le comportement agressif serait une simple réponse à un signal ou à un stimulus considéré comme frustrant. En d'autres termes, l'agressivité serait purement *réactionnelle*.

Qu'en est-il chez l'homme ? Existe-t-il chez lui un « instinct d'agression », comme le soutient encore Lorenz ? Assurément nous nous montrons, en nombre d'occasions, agressifs. Cette agressivité est-elle le résultat, par exemple, de conditions de vie urbaine particulièrement éprouvantes ? Ou bien une caractéristique du psychisme humain, ce qui en expliquerait la spontanéité ? Freud, on le sait, quoiqu'il l'ait fait tardivement, dans *L'Homme aux loups*, reconnaît chez l'homme l'existence d'une pulsion agressive qu'il lie aux frustrations. Mais ce lien est démenti par plusieurs travaux, américains notamment, qui indiquent que, même chez des enfants qui ne sont pas du tout frustrés, la pulsion agressive demeure active ; nous reviendrons sur cette question.

Passons à présent à la dernière question, encore plus essentielle : la méchanceté existe-t-elle chez les animaux ? « Attention, chien méchant », nous connaissons cet avertissement qui, sur le seuil des maisons, nous invite à passer notre chemin sans nous approcher sous peine d'être attaqués par un animal dressé à cette fin. Formulons la question autrement : les animaux peuvent-ils agir par méchanceté, c'est-à-dire par « jugement », et non pas seulement par instinct ? C'est ici se demander si l'animal peut faire *sciemment* du mal à ses congénères. D'aucuns, qui sont plutôt des scientifiques, le pensent, d'autres non. Ce n'est en tout cas que tout à fait exceptionnellement que les éthologues parlent de méchanceté et de méchants. Ainsi Lorenz, nous l'avons dit, n'emploie-t-il guère ces termes. Tout au plus peut-on encore lire dans *L'Agression* : « Pendant de longues périodes de l'histoire de la terre, il doit y avoir eu des animaux extrêmement méchants et agressifs[1]. »

L'animal, nous le savons, veut quelquefois éliminer ses rivaux pour des motifs sexuels ou alimentaires. Une étude réalisée par Jane Goodall, en 1969, dans la réserve de Gombe, montre ainsi que des chimpanzés, dès lors qu'il s'agit de défendre leur territoire, sont capables de frapper très violemment leurs adversaires, avec, selon l'éthologue, le réel dessein de les tuer. Ils ne se contentent pas en effet de les blesser gravement ou de les faire fuir, comme il est plutôt d'usage dans le monde animal (l'« intention » de la bête étant en effet plutôt d'intimider l'adversaire, de lui rappeler les règles dominant-dominé), ils les mettent à mort. Selon Goodall, ils vont même jusqu'à dévorer un petit malgré ses cris et ses tentatives désespérées pour s'échapper. Certains observateurs parlent ici de véritable « meurtre ». Lorenz n'est pas loin de partager cette idée lorsque, rapportant les expériences de Steininger, il décrit certaines rates tuant leurs congénères comme de « véritables spécialistes du meurtre » : elles sautent au cou de leur victime et leur sectionnent la carotide. Jean-Henri Fabre, le célèbre entomologiste français, emploie lui aussi le terme de « meurtre » pour décrire la mise à mort d'un grillon par un sphex. Il raconte avoir vu

1. Konrad LORENZ, *op. cit.*, p. 210.

« son stylet empoisonné plonger une première fois dans le cou de la victime, puis une seconde fois dans l'articulation des deux segments antérieurs du thorax, puis encore vers l'abdomen. En bien moins de temps qu'il n'en faut pour le raconter, le meurtre est consommé[1] ». Mais Fabre se ravise aussitôt et indique que « ce triple coup de poignard » est la manifestation de « la science infuse de l'instinct », non un véritable meurtre au sens humain, c'est-à-dire un acte intentionnel.

Il semble, par conséquent, que les conclusions tendant à faire de certains animaux des méchants, voire des meurtriers, n'aient pas, à ce jour, véritablement convaincu la communauté scientifique, et sans doute, dans l'attente de nouvelles expériences probantes, devons-nous nous en tenir à l'idée que les animaux ne sauraient être méchants (et encore moins « criminels ») au sens humain du terme, parce qu'ils n'ont pas la conscience pour cela. Certes, des mâles peuvent rosser des femelles qui ne se comportent pas « comme il faut », qui sont insoumises ou qui se conduisent comme des mâles. Cependant, comme le dit Hegel, les animaux « ont *désir* et *tendance*, mais n'ont aucun *vouloir* rationnel[2] » ; ils agissent par instinct en vue d'une fin qu'ils n'ont pas choisie, ils se montrent cruels pour se défendre ou se nourrir, c'est dire combien leur comportement est dicté par la nécessité. Ce n'est donc pas le terme « méchant » qu'il faut utiliser à leur sujet.

La méchanceté, pour nous résumer, serait en somme « l'intelligence de l'agressivité », ainsi que le dit Jean-François Charnier, archéologue préhistorien. Bref, nous pouvons dire des animaux, surtout sauvages, qu'ils se comportent quelquefois comme des bêtes féroces ou cruelles – et

---

1. Jean-Henri FABRE, *Histoire d'insectes*, Paris, Librio, 2001, p. 22.
2. G. W. Friedrich HEGEL, *op. cit.*, p. 27.

peuvent donc être qualifiés de dangereux –, mais nous ne saurions considérer qu'ils sont méchants.

Qu'en est-il, en revanche, *en matière de sentiments* ? Pouvons-nous penser qu'entre les hommes et les animaux pourvus d'un cerveau assez développé, que l'on nomme pour cette raison « animaux supérieurs », existe moins une différence de nature que de degrés ?

L'éthologie nous apprend que, si l'homme est doué de sentiments, l'animal éprouve, lui, des sensations ; il ressent par là même du plaisir et de la douleur, recherchant celui-là et fuyant celle-ci. Buffon disait que la bête dispose d'une « conscience sensible ». Les sensations de l'animal peuvent être fortes : nous les appellerons ici, pour ne pas les confondre avec les sentiments humains, « sensations sentimentales ». Konrad Lorenz a souvent souligné la vie émotionnelle intense des bêtes : « Je suis sûr, note-t-il, qu'un chien ou une oie peuvent être aussi tristes qu'un homme et souffrir autant que lui[1]. » Et de rapporter l'exemple de ce chien qui, après la mort de son maître, avait commencé à se comporter curieusement : « lui qui était jusqu'alors inoffensif se met à tuer des poulets. Il en arrive à se conduire comme un loup. » Lorenz diagnostique ici une vraie névrose chez l'animal. On a pu observer de la même manière que des petits singes séparés de leur mère ou de jeunes compagnons du même âge pouvaient, comme les bébés humains, connaître de véritables phases de dépression. Grâce à sa « mémoire affective », ainsi que la nomme Lorenz, l'animal est donc capable de ce que nous avons proposé d'appeler « sensations sentimentales » : sensation d'amour en premier lieu. Comme l'homme, et peut-être même plus que lui, il sait se montrer brutal dans ses rapports amoureux ; plus que lui, il sait aussi

1. Konrad LORENZ, *Entretiens*, Paris, Stock, 1976, p. 19, p. 16 pour la citation suivante.

faire à ses femelles une cour pleine de délicatesse, faisant étalage d'attraits propres à les séduire ; beaucoup d'oiseaux, par exemple, recourent au chant ou aux belles couleurs de leur parure, ou bien encore à la danse pour capter l'attention de la femelle.

Puisque l'animal est capable d'amour, il l'est aussi de haine et de jalousie. Deux exemples, extraits des observations de Lorenz, nous aideront à mieux comprendre ce dernier sentiment. On sait que le mâle de la cigogne se montre très jaloux de sa femelle. On raconte ainsi que les habitants de Smyrne, connaissant sa susceptibilité conjugale, avaient eu un jour l'idée d'introduire des œufs de poule dans le nid de la femelle. À la vue de ce produit insolite, le mâle était entré dans une violente colère et, avec l'aide de quelques comparses, avait mis en pièces dame cigogne. On connaît aussi la jalousie des guenons. Deux d'entre elles, il y a quelques années, vivaient d'un amour tendre : jamais de dispute, on les voyait, complices, se rendre de menus services. Et puis, un jour, on les avait mises ensemble dans la cage d'un mâle ; celui-ci avait aussitôt marqué sa préférence pour l'une. Furieuse, l'autre avait commencé à pousser des cris affreux. Le mâle avait fini par se lasser de cette trouble-fête qui l'empêchait de faire sa cour paisiblement ; il s'était fâché et lui avait administré une bonne correction. Finalement, la perturbatrice avait été retirée de la cage et le mâle avait pu poursuivre son idylle avec sa favorite.

Y a-t-il de l'intelligence chez l'animal ? Je me souviens soudainement de ce cours de philosophie à l'occasion duquel notre professeur nous avait dit – démentant Plutarque – qu'on ne saurait l'imaginer, sauf, avait-elle ajouté, peut-être chez le rat. L'éthologue Lorenz partage ce point de vue, ne trouvant chez l'animal ni la raison ni l'intelligence lui permettant d'imaginer que la tristesse qu'il peut ressentir passera. Cela dit, si l'homme pense, il semble bien que l'animal, surtout supérieur, puisse – au moins dans certaines circonstances

– faire preuve de jugement et d'esprit de détermination, de manipulation même, pour se tirer de quelque situation embarrassante. Boris Cyrulnik, dans *Mémoire de singe et paroles d'homme*, parle à cet égard de « pensée sans parole ». On reconnaît ainsi à l'animal de la mémoire et de l'imagination.

On retrouve par conséquent chez les animaux des sensations apparentées à des sentiments et des traits de caractère correspondant aux différents tempéraments humains. Nous avons déjà mentionné la tristesse et la jalousie, nous devons y ajouter la ruse et la simplicité, la reconnaissance et l'ingratitude, la paresse et le courage, le mensonge et la vérité. En 1988, les primatologues Andrew Whiten et Richard Byrne, à l'issue d'une vaste enquête menée auprès d'une centaine de leurs collègues, parvenaient à la conclusion que les primates mentent énormément ! Les neuroscientifiques disent aujourd'hui observer chez les anthropoïdes et les singes des valeurs comme l'équité, l'empathie et la réciprocité. La réelle différence entre les hommes et les animaux paraît en réalité résider dans le fait que ces derniers se servent de leurs capacités principalement pour satisfaire leurs besoins physiques (notamment leurs besoins de se nourrir et de se loger), tandis que les premiers peuvent en plus organiser leurs idées.

Évidemment, si l'animal est capable de se bien comporter, resurgit la question de savoir s'il est aussi capable de « mal faire ». Maintes observations ont été menées durant la saison des amours, qui est aussi celle de tous les défis. Ainsi, par exemple, les crapauds, plutôt paisibles d'ordinaire, se montrent-ils ardents lors de la montée du désir et n'hésitent-ils pas à se battre pour la possession des femelles. Les tortues, elles aussi, se livrent à des combats violents ; le vainqueur est celui qui renverse le rival sur le dos et l'immobilise. Ainsi se comportent encore les lièvres, les phoques (ici le mâle vaincu n'a d'autre choix que de se jeter à l'eau), les cerfs et les sangliers (ceux-ci peuvent même lutter jusqu'à la mort pour la possession d'une femelle). Bref, nombre d'animaux, subitement terriblement excités, se jalousent, se disputent les faveurs de celles qu'ils recherchent, se battent les uns contre les autres, les plus forts chassant les plus faibles afin d'être seuls au moment désiré de l'accouplement. Mais le partenariat sexuel ne se termine pas toujours bien. Chez les scorpions, qui ont la réputation d'être des animaux méchants, après l'accouplement, la femelle dévore son partenaire, qui ne représente plus alors à ses yeux qu'un étranger « bon à manger ». Lorenz évoque l'extrême méchanceté des futurs époux, toujours prêts à s'entretuer chez les poissons cichlidés. Un dernier exemple nous est fourni par la reine des abeilles : une fois devenue vieille, la souveraine essaie toujours de rendre impossible l'avènement de sa rivale ; elle se précipite vers les cellules qui renferment les reines-larves, qu'elle tue.

Mais tous ces animaux agissent-ils *intentionnellement*, c'est-à-dire avec jugement, comme il a été proposé précédemment, par méchanceté en somme ? Cela est douteux. Quant à la question de savoir si les bêtes sont plus ou moins violentes que les hommes, le débat reste entier lui aussi.

Tout le monde il est beau, tout le monde il est méchant – même Dieu ?

Quittons l'homme un instant. Les dieux – ceux des « primitifs » – semblent avoir été très méchants. C'est en leur nom qu'ont été sacrifiés des animaux et quelquefois même des hommes en guise d'offrandes pour calmer leur besoin de souffrance. Et puis, ces dieux, comme nous l'indique Nietzsche, sont moqueurs (ce qui relève souvent de la méchanceté, nous y reviendrons) : « il semble même qu'ils ne peuvent s'empêcher de rire aux cérémonies sacrées[1] », écrit le philosophe.

1. Friedrich NIETZSCHE, *Par-delà le bien et le mal*, *op. cit.*, pp. 362-363.

Intéressons-nous à présent à Dieu en personne. On dit que Dieu est Amour, qu'il aime les hommes. N'a-t-il pas donné sa vie pour eux ? Certes, ce sont plutôt les croyants qui affirment cela ; les autres, qui ne croient pas, ou qui croient moins, disent au contraire qu'il est méchant, ou du moins qu'il se comporte méchamment, que c'est lui qui rend les hommes coupables, pour mieux les punir ensuite ; à treize ans, le jeune Nietzsche pensait effectivement que Dieu était le père du mal. Aussi les hommes reprochent-ils à Dieu, pêle-mêle, la guerre, la faim, les cataclysmes et, surtout, la méchanceté humaine. Comment Dieu, demandent-ils, puisqu'il est Dieu, peut-il vouloir un monde avec autant de méchanceté ? S'il est bon, pourquoi le mal ? S'il est amour, pourquoi la haine ? C'est l'interrogation de Primo Levi : « Je dois dire, déclare-t-il, que l'expérience d'Auschwitz a eu pour conséquence de dissiper chez moi les derniers restes de l'éducation religieuse que j'avais reçue… Il y a Auschwitz donc il ne peut y avoir de Dieu[1]. »

On se rappelle l'histoire de Job d'abord comblé par le Tout-puissant. Job est intègre et droit. Et voilà que Satan met au défi le Créateur d'accabler cet honnête serviteur de tous les maux, prédisant que ce dernier ne tardera pas à se détourner de Lui. Job trouve en effet sa nouvelle situation injuste ; il interroge Dieu qui ne lui répond pas sur le pourquoi de cette injustice. Et les incompréhensions se multiplient. De façon comparable, l'enfant qui deviendra *L'Homme aux loups*, élevé dans la religion, ne comprend pas du tout l'histoire de Dieu crucifié. Freud, qui entreprend l'analyse de ce patient devenu adulte, recueille tous les anciens doutes de l'enfant et résume la névrose de l'homme : « Si Dieu était Tout-puissant, c'était par sa faute que les

1. Extrait d'un entretien réalisé par Philip Roth, *The New York Review of Books*, septembre 1986.

hommes étaient mauvais et en tourmentaient d'autres, ce pourquoi ils allaient ensuite en enfer. Il aurait dû les faire bons ; il était lui-même responsable de tout le mal et de tous les tourments[1]. »

Puisque la méchanceté est parmi nous, poursuivent les incroyants, Dieu doit pouvoir en être accusé. Il a fait le monde ? Il aurait dû mieux faire, il aurait pu mieux faire. Suivons ici Francis Wolff qui nous rappelle « ce chef d'inculpation » permettant à la raison humaine de faire comparaître Dieu devant son tribunal. Épicure, dans ses *Fragments*, avait déjà parfaitement résumé les données du problème :

> Dieu, ou veut éliminer le mal et ne le peut, ou le peut et ne le veut pas, ou ne le veut ni ne le peut, ou le veut et le peut. S'il le veut et ne le peut, il est impuissant (*imbecillis*), ce qui ne convient pas à Dieu. S'il le peut et ne le veut, il est méchant (*invidus*), ce qui est étranger à Dieu. S'il ne le peut ni ne le veut, il est à la fois impuissant et méchant, il n'est donc pas Dieu. S'il le veut et le peut, ce qui convient à Dieu, d'où vient donc le mal (*unde malum*)[2] ?

En somme, s'interrogent les incroyants (et quelques autres), comment un Dieu bon et Tout-puissant peut-il permettre la méchanceté et autoriser le crime ? Les croyants leur répondent aussitôt que Dieu a fait l'homme libre, et donc libre aussi d'être méchant. C'est la position d'Hegel qui, nous rappelant que Dieu est à la fois puissance, sagesse, bonté et justice, estime que « ce qui est *méchant* se fait par là même étranger à Dieu[3] ». Certaines Églises en concluent que les maux de l'humanité – les épidémies par exemple :

1. Sigmund FREUD, *op. cit.*, p. 60.
2. ÉPICURE, Fragment n° 374.
3. G. W. Friedrich HEGEL, *op. cit.*, p. 85.

lèpre hier, sida aujourd'hui –, ce sont les hommes, et eux seuls, qui en sont responsables. En n'intervenant pas dans leur vie, Dieu leur conserve leur liberté et leur pleine responsabilité : autrement dit, il les respecte.

Naturellement, les incroyants ne comprennent pas ce raisonnement, qui leur paraît facile, et, à la limite, pas très honnête. Ils trouvent que c'est de la lâcheté de la part du Créateur, ou bien que cela prouve simplement qu'il n'existe pas. On connaît ce mot d'Hugo, « Dieu est une sornette monstre », et celui de Nietzsche, « Dieu est mort ». Un Dieu d'amour ne laisserait pas faire toutes les monstruosités qui existent sur terre : avant tout, il n'aurait créé que des hommes gentils.

À ceux qui pensent ainsi, les croyants rétorquent que s'il y a des méchants en ce bas monde, le Tout-puissant les punira dans l'autre monde, à l'issue du jugement dernier. Au ciel, en effet, Dieu n'accueille que les bons, les méchants, selon le dicton populaire, iront « rôtir en enfer ». C'est aussi simple que cela pour les croyants.

De la réalité à la fiction : loups et marâtres, les méchants des contes de fées

Le loup est véritablement l'animal bouc émissaire ; dans les contes, c'est lui qui mange les enfants. On connaît l'histoire du « grand méchant loup » du *Petit Chaperon rouge*, dont l'unique préoccupation est de dévorer l'enfant. On connaît encore le conte de Grimm, *Le Loup et le Renard*, qui, pour le coup, place le renard dans le camp des gentils. Rappelons brièvement l'histoire : le loup, qui est donc le plus fort, demande au renard, qui est ici le plus faible, de lui apporter des agneaux à manger ; à défaut de quoi, ajoute-t-il, c'est lui qu'il dévorera ; il lui demande aussi des crêpes. Ce que lui rapporte le renard n'étant jamais suffisant, le loup retourne chaque fois se servir lui-même, mais il se fait toujours surprendre et maltraiter. Une fois, s'étant fait rouer de coups, il revient boiteux. Le plus dur de l'histoire est cependant à venir : un jour qu'ils vont ensemble dévaliser un boucher, le loup mange tant et tant qu'il ne peut ressortir du trou par lequel il est entré, au contraire du renard dont la panse n'est pas aussi grosse. Le loup est donc pris et tué. On connaît, mais un peu moins, toujours de Grimm, *Le Loup et les Sept Cabris*. La mise en garde est la même : « Chers enfants, je vais au bois, dit la vieille chèvre aux sept cabris. Prenez garde au loup. S'il entrait, il vous mangerait tous, cuir et poil. »

Tous ces contes, auxquels on peut ajouter *Tom Pouce*, suivent le même scénario : la dévoration, l'ouverture du ventre de la bête, l'extirpation des personnes englouties, leur remplacement au besoin par de lourdes pierres, et la mort du loup – car, nous le verrons, dans les contes, les méchants n'ont jamais gain de cause. Bref, dans ces histoires, la cause est entendue : le loup est un tueur, et s'il parvient à ses fins, c'est grâce à des stratagèmes. Le déguisement souvent, comme le loup costumé en grand-mère dans *Le Petit Chaperon rouge*. Dans la fable de La Fontaine *Le loup devenu berger*, il prend l'aspect du berger Guillot ; mais il est trahi par sa voix, qui reste celle de la bête. L'animal recourt quelquefois à d'autres ruses. Dans *Les Trois Petits Cochons*, par exemple, le loup essaie d'amadouer le troisième petit cochon, le plus intelligent, en lui proposant de l'accompagner en expédition pour trouver de la nourriture succulente : des carottes, des pommes, ou de le suivre à la foire pour la même raison. Mais les mères veillent. Dans une autre fable de La Fontaine *Le Loup, la chèvre et le chevreau*, le loup parvient à contrefaire sa voix, mais le « Biquet », prudent, lui demande de lui montrer patte blanche, ce que le loup ne peut faire évidemment, si bien que, de dépit, il s'en retourne chez lui. Dans le conte de Grimm, la vieille chèvre, avant de partir, indique aussi à ses petits comment reconnaître la bête « à sa voix rauque et à ses pieds noirs ». Le loup a cependant plus d'un tour dans son sac : après avoir adouci sa voix et blanchi ses pattes, il trompe les cabris et en mange six, le septième s'étant habilement caché dans la caisse de l'horloge. Peu de temps après, la mère revient et découvre le drame, mais aussi son rejeton survivant. Alors elle court dans la prairie, voit le loup endormi au pied d'un arbre, lui ouvre le ventre, et, ainsi que nous le disions précédemment, récupère ses enfants encore en vie. Puis elle remplit la panse de la bête de pierres et recoud la chair. À son réveil, le loup est assoiffé, il s'en va à la rivière, mais, se penchant sur l'eau, il est entraîné par le fond à cause de son poids et il se noie. Dans *Les Trois Petits Cochons*, le loup est finalement tué par le troisième petit cochon, le plus avisé : il tombe dans une marmite d'eau bouillante puis est mangé par le petit cochon. Dans d'autres contes mettant en scène des loups, tels que *Les Contes bleus du chat perché*, *Le Roman de Renart* ou bien encore *Le Loup* de Marcel Aymé, l'animal ne sort jamais de l'histoire à son avantage.

On enseigne très tôt à l'enfant la peur du loup. Les parents ne disent-ils pas encore volontiers à leurs enfants désobéissants : « Si tu n'es pas sage, le loup va venir te manger » ? Dans la fable de La Fontaine *Le Loup, la mère et l'enfant*, une mère promet précisément à son enfant qui crie de faire venir le loup qui le mangera s'il ne cesse pas de pleurer. On se souvient encore que la sœur aînée du garçonnet, qui deviendra *L'Homme aux loups* de Freud, prenait un malin plaisir à tourmenter son frère en lui présentant un livre d'images dans lequel figurait un loup dressé et en train d'avancer. « Quand il [son frère] apercevait cette image, il se mettait à crier comme un enragé. Il avait peur que le loup ne vînt et le dévorât[1]. » Cette terreur ravissait la sœur qui,

1. Sigmund FREUD, *op. cit.*, p. 14.

comme on le sait, était méchante. Soulignons que l'enfant avait peur de beaucoup d'autres animaux, des petits comme les papillons et les chenilles, mais aussi de plus grands comme les chevaux, animaux qu'il ne manquait pas de tourmenter lui-même à l'occasion…

Comment dès lors s'étonner que ce soit au loup auquel pense l'enfant quand il fait de mauvais rêves ? Il a peur d'être dévoré par lui. Patte avancée, griffes dehors, oreilles pointées, l'animal est menaçant. Le loup, comme l'indique Freud, est souvent le représentant du père, homme autoritaire, brutal, que l'enfant redoute ; comble de malchance, l'un des maîtres du célèbre *Homme aux loups* sera un certain M. Wolf – mot qui, comme chacun sait, signifie « loup » en anglais ! Bettelheim ajoute, nous l'avons dit, que le loup sauvage et destructeur représente les puissances asociales et inconscientes contre lesquelles l'individu doit apprendre à se protéger par la force de son moi. Aujourd'hui encore, des expressions comme *Se jeter dans la gueule du loup* n'augurent rien de bon pour l'adulte lui-même. Et puis, ne craint-on pas énormément les « jeunes loups » de la politique ou de la finance ? Il est clair que toute personne méchante dans la vie réelle est susceptible de prendre les traits d'une terrible bête menaçante qui ressemble à s'y méprendre à l'infortuné loup…

Pourquoi l'homme n'aime-t-il pas cet animal ? Boris Cyrulnik propose une explication, laquelle semble scientifiquement très fondée. Dans les premiers temps de l'humanité, rapporte-t-il, les hommes et les loups étaient en concurrence directe pour la possession du gibier nécessaire à leur alimentation. Or, le loup est un remarquable chasseur, opérant selon une stratégie quasi militaire : la meute encercle minutieusement le groupe affolé de ses victimes et s'attaque à la bête la plus lente, qu'elle finit toujours par capturer. D'où cette animosité avec l'homme, qui va durer jusqu'à 10 000 ans environ av. J.-C. Par la suite, dans des conditions qui restent obscures, peut-être parce qu'il s'est occupé de louveteaux orphelins, l'homme a domestiqué les loups les plus dociles, qui sont devenus, au fil du temps, des chiens très obéissants. Les autres loups ont cependant continué à s'en prendre aux troupeaux des hommes. D'où la haine de ces derniers à leur égard, qui vont jusqu'à voir en eux l'incarnation du mal. L'idée du loup tueur est donc solidement inscrite dans l'imaginaire des hommes ; il n'est qu'à voir l'émoi suscité il n'y a guère longtemps, dans les Pyrénées, par l'attaque, imputée à l'animal, de plusieurs troupeaux de brebis. On dit encore, pour augmenter cet effroi, que le loup attaque l'homme. Cela s'est produit, il est vrai, mais dans des circonstances particulières, lors de famines et de guerres, quand la nourriture se faisait rare ; dès lors, hommes et bêtes entraient à nouveau en concurrence pour leurs besoins vitaux.

« Concurrence », ce mot revient comme un leitmotiv dans nos considérations sur cet animal. Il semble bien qu'il s'agisse là d'une raison majeure, sans doute inconsciente, expliquant la haine de l'homme à l'égard du loup ; d'autant que la bête, astucieuse, sait monter des traquenards pour venir à bout de sa proie. Et puis elle s'adapte à tous les écosystèmes en fonction des impératifs de survie : le loup est donc, pour employer une expression familière, un « sacré client ». Autre raison de cette haine pour le loup : le fait qu'il ait longtemps été un vecteur de la rage. Il faut savoir que, jusqu'à la découverte du vaccin par Pasteur, en 1885, le loup tuait en France entre 100 et 150 personnes par an. Sans compter que sur les champs de bataille, il était celui qui dévorait les cadavres.

Dernière explication, et non des moindres : sa grande ressemblance avec l'homme. Ainsi que le souligne Alfonso Di Nola, le malheur du loup est de trop ressembler à l'homme. L'organisation sociale de la meute, son mode de vie sont trop proches des nôtres : le loup est monogame, il vit en groupes dominés par les anciens, il est toujours préoccupé par l'alimentation de ses petits, cela fait beaucoup de points communs.

Mais le loup n'est-il que cet animal « vil et méchant », dont parle Verlaine dans ses poèmes ? La mauvaise réputation de cette bête est pour le moins exagérée. On connaît des histoires de loups gentils. D'abord dans la mythologie romaine : c'est la louve qui recueille Romulus et Remus, frères jumeaux jetés dans le Tibre par leur oncle qui avait usurpé le trône d'Albe à leur mère ; c'est la louve qui les élève, les nourrit, les surveille, les défend. Dans les contes et dessins animés, Lupo Alberto est un loup gentil. Le loup gentil existe également dans la vie réelle. Éradiqué du territoire national français durant les années 1930, revenu d'Italie en 1992, le loup, depuis cette date, n'a attaqué aucun homme.

Autre grande figure de méchant dans les contes : la marâtre. Cette femme, qui est la deuxième ou la troisième épouse du père, n'aime généralement pas les enfants qui ne sont pas les siens. Des marâtres, on en rencontre beaucoup dans les histoires pour enfants, et dans les fictions en général. Par exemple dans le conte de Grimm *Hänsel et Gretel*, la marâtre, voyant avec son mari qu'ils n'ont pas suffisamment d'argent pour nourrir leurs enfants, propose à celui-ci de les abandonner en forêt. Le père, à contrecœur, y consent. Mais, dans des conditions qu'il n'est pas utile de rapporter ici, les enfants se tirent d'embarras, et cela même en dépit de leur rencontre avec une méchante sorcière qui veut les manger. Finalement, tout se termine bien : la sorcière et la marâtre meurent et le père retrouve ses enfants, avec lesquels, naturellement, il vivra heureux de longues années.

Autre exemple : le conte de *Blanche-Neige et les Sept Nains*. On s'en souvient, la deuxième femme du père de Blanche-Neige ne supporte pas que la jeune fille la dépasse en beauté. La marâtre confie donc à un domestique le soin de tuer la princesse, au loin dans la forêt, et lui demande de rapporter son foie. Mais le domestique se laisse apitoyer par la jeune fille et rapporte à la reine le foie d'un marcassin. Quelque temps plus tard, la reine apprend de son miroir magique que Blanche-Neige n'est pas morte et qu'elle a été recueillie par sept nains. Grimée, elle décide de lui rendre visite et de la tuer elle-même. Lui ayant serré fortement la taille avec une ceinture, elle la laisse pour morte. Mais Blanche-Neige est toujours vivante. La marâtre met alors en place un nouveau stratagème : elle propose à la jeune fille un peigne empoisonné. Blanche-Neige accepte, mais les nains la sauvent une nouvelle fois. La reine essaie alors une pomme, également empoisonnée ; la princesse succombe à la tentation. Cette fois, elle est bel et bien morte. Les nains la placent dans un cercueil de verre, mais un prince qui passe par là achète le cercueil. Un domestique maladroit le fait tomber, et la pomme empoisonnée sort à cet instant miraculeusement de la bouche de la princesse. Nous passons sur les détails finaux : la princesse épouse le prince et la marâtre meurt.

Autre marâtre méchante : la deuxième femme du père de Cendrillon, qui astreint celle-ci à assumer tous les travaux domestiques. Le jour, Cendrillon va partout en haillons ; la nuit, elle doit dormir à même le sol. Ses deux sœurs sont particulièrement méchantes. Deux colombes leur crèveront finalement les yeux. C'est ainsi, conclut le conte, que par la cécité jusqu'à leur dernier jour, elles ont été punies de leur méchanceté et de leur fausseté.

Harry Potter nous offre aujourd'hui une vision moderne de la marâtre. Le jeune garçon, qui n'a pas connu ses parents, est élevé par une marâtre et un parâtre qui le détestent. Une détestation qui le conduit à s'inventer des talents extraordinaires pour se faire aimer. Harry échappe au monde réel, méchant, en se réfugiant dans l'imaginaire qu'il cherche à imposer à tout son entourage.

Avant de clore ce propos, il faut rappeler que la méchanceté revêt bien d'autres figures que le loup ou la marâtre ; nous pourrions évoquer, si nous en avions le temps, le géant et le dragon pour le genre masculin, la sorcière et la reine rusée pour le genre féminin.

On connaît la morale des contes de fées, si le mal y fait jeu égal avec le bien, que l'un et l'autre sont matérialisés par des personnages, des animaux ou des actions typiques, le mal finit toujours par être terrassé – même s'il paraît triompher dans un premier temps : le méchant, d'abord victorieux, a beau faire le malin, il est finalement vaincu. Dans les contes, à la différence de ce qui se passe dans la vie, les méchants sont donc toujours punis et les bons, récompensés. L'autre leçon que ces histoires nous donnent, c'est qu'il est difficile d'être bon, de gagner du premier coup : il faut affronter des épreuves pour réussir.

Sommes-nous vraiment tous méchants ?

Qui est méchant ici-bas ? Tout le monde. Nous avons tous au moins le fantasme de la méchanceté. Lequel d'entre nous n'a pas rêvé de tuer celui ou celle qui lui avait fait du mal, lui avait rendu la vie insupportable ? Nous l'avons pressenti à différentes reprises déjà, c'est peut-être l'occasion qui fait le méchant. Nous connaissons tous de ces automobilistes, d'ordinaire hommes paisibles, « bons pères de famille », qui, au retour d'un repas bien arrosé avec les leurs, se transforment en véritables méchants au volant de leur véhicule, devenant prompts à l'insulte et à l'invective. Les philosophes eux-mêmes, au dire de Nietzsche, peuvent être méchants ; et de citer ce « trait de méchanceté » d'Épicure à l'adresse de Platon, se moquant à la fois de la tendance de ce dernier à vouloir flatter le tyran Denys de Syracuse (pour le convertir à son système politique) et de son penchant à vouloir, en toute circonstance, se mettre en scène, comme un comédien. De là à considérer la méchanceté comme « normale » !

C'est ici que l'on voit combien la frontière entre le « normal » et le « pathologique » est ténue ; il nous semble alors que chacun, comme le pense Mélanie Klein, que nous avons déjà mentionnée, détient peut-être, au fond de lui-même, un potentiel d'agressivité et de méchanceté, une sorte de capital dans lequel il puise au gré des circonstances et des besoins. Chacun, en somme, peut être ombre et lumière, clarté et noirceur à la fois.

Mais ne sommes-nous pas méchants aussi par nécessité, dans un monde où la gentillesse passerait plutôt pour un défaut ou une insuffisance ? Être gentil ne relève-t-il pas de ce qui s'apparenterait presque à une vraie carence psychologique ? Rappelons l'ancienne étymologie du mot « méchanceté » que donne, par exemple, le *Larousse universel* de 1931 : il l'assimile à « médiocrité ». Nul n'ignore qu'il n'est pas très bien vu d'être doux et aimable dans une société compétitive où dominent les mœurs brutales, où chacun, tourné vers l'objectif impérieux de la réussite, se doit, estime-t-on, de « tuer » son prochain. Le sportif – surtout s'il est de haut niveau – ne reçoit-il pas, par exemple, l'ordre de « muscler son jeu », d'être plus agressif ? Le chef d'entreprise n'intime-t-il pas l'ordre à ses employés – surtout s'ils sont cadres – d'être plus « mordants », plus « durs » dans leurs façons d'être et d'agir ? Dans ce monde-là, qui est le nôtre, la gentillesse semble bel et bien faire figure de faiblesse. D'où cette invitation permanente à se comporter méchamment pour rentrer dans le moule, à faire le mal pour être « socialement comme il faut », à être agressif pour l'emporter dans ces compétitions, sportives ou économiques, toujours plus rudes. Être méchant, pour se faire accepter tout simplement. Ainsi en est-il fréquemment dans l'univers scolaire qui se révèle souvent impitoyable. Lisons ce témoignage d'un collégien parisien :

> *La méchanceté est une nécessité « pour se faire respecter », « pour ne pas être un blaireau ». Pour être prisé du groupe, il ne faut pas montrer qu'on cherche l'intégration, mais au contraire se montrer méchant, sinon « on est mort ». Être méchant, c'est railler les ringards qui ne demandent pas mieux, « les victimes qui te donnent envie d'être plus méchant » ; et, surtout, menacer et tenir ses menaces, ce qui est un moyen très facile de se faire respecter ; puisque tout le monde menace sans mettre à exécution, on est très étonné dans le cas contraire. Je dis : « Si tu me parles encore une fois comme ça, je me barre tout de suite », et je le fais... Surtout il ne faut pas revenir.*
>
> Armand (14 ans), collégien de 3ᵉ, mère cadre publicitaire.

Le garçon qui s'exprime ainsi assure qu'il s'est fait de la sorte une réputation de méchant, de garçon que l'on respecte, précisant que son « principe » de méchanceté, qui consiste à mettre ses menaces à exécution, il le tient de sa mère... Et Armand d'indiquer, sans scrupule, que cette « stratégie de la méchanceté » est « payante » ; outre qu'elle présente l'intérêt de susciter le respect, ajoute-t-il, « c'est marrant d'être méchant, marrant pour soi, marrant pour les autres », même si, quelquefois, certaines filles n'aiment pas ce comportement qu'elles jugent méprisant. Jack (16 ans), qui habite Nice, explique lui aussi un tel comportement par le souci de « se mettre en avant et d'épater les camarades ». Être méchant est dans ce cas une manière d'exister. Précisons ici que, plus encore qu'hier peut-être, le premier de la classe représente souvent l'anti-modèle des autres élèves. Comme le dit cet autre garçon (13 ans) : « Si tu veux avoir des potes, il faut faire des conneries, faire le débile. »

Poursuivons l'analyse. Pourquoi faire le bien si l'on peut (si l'on a la capacité) de faire le mal ? Cela semble plus facile encore pour le « gentilhomme ». Platon n'indique-t-il pas, dans l'*Hippias mineur*, que celui qui connaît le bien est le plus susceptible de faire le mal ? Ce que nous voyons autour de nous, n'est-ce pas finalement la consécration de l'esprit nietzschéen : « Devenez durs ! », disait Zarathoustra ; que les plus faibles disparaissent, que ceux qui tombent, tombent plus vite encore ! Le monde n'a que faire des « bons » et des « justes ». Méchanceté rime alors avec force et puissance, dessinant ainsi le visage, selon l'expression de Nietzsche[1], des « méchants heureux », « une espèce que les moralistes passent sous silence ».

Nous éprouvons donc quelquefois de la sympathie pour les méchants. Le méchant fait souvent des choses que nous aimerions faire et que nous n'osons pas. Souvenons-nous de la famille Ewing, dans le célèbre feuilleton télévisé américain *Dallas* : n'avions-nous pas une préférence pour le sinistre J. R. et une répulsion pour le gentil Bobby ? Réfléchissons un instant, si l'on aime les méchants, n'est-ce pas parce qu'à l'image du loup ils possèdent force et adresse, et que les gentils, au contraire, nous désespèrent par leur faiblesse ? Et puis, on le sait bien, Willy Pasini nous le rappelle, si les bons rassurent, il n'y a que les méchants pour faire naître des émotions fortes.

Vrais et faux méchants

La méchanceté est à la mode : il faudrait presque être méchant pour être « comme il faut ». Alors certains – souvent des humoristes – « jouent » au jeu de la méchanceté. Laurent Baffie est de ceux-là, qui proclame ouvertement sa méchanceté. Dans une interview récente[2], ne confessait-il pas qu'il aime que l'on dise de lui qu'il est « vraiment méchant » ? « C'est mon fonds de commerce », plaide-t-il.

1. Friedrich NIETZSCHE, *Par-delà le bien et le mal, op. cit.*, p. 113.
2. *Paru Vendu*, n° 13, 9 décembre 2004.

Le journaliste lui pose alors cette ultime question : « Est-ce que j'ai le droit de dire que tu es un vrai gentil et un faux méchant ? » Et l'humoriste de répondre : « Non. Parce que si tu dis ça mon avocat peut t'appeler demain ! Ça fait des années que j'essaie de fabriquer cette image qui est mon fonds de commerce et si tu t'avises de dire que je suis gentil, tu pourrais recevoir du papier bleu dès demain ! » Dans ce registre des humoristes télévisuels « grincheux » ou grinçants, on citera Thierry Ardisson, Guy Carlier, Marc-Olivier Fogiel et le dernier-né, Stéphane Guillon. « Mais pourquoi est-il aussi méchant ? », demandera un jour l'actrice Agnès Soral, sur la sellette dudit humoriste. Chacun, seul ou en duo, titille les invités, jusqu'à en mettre certains K.O., qui préfèrent alors battre en retraite, comme, un jour, Michaël Youn sur le plateau d'*On ne peut pas plaire à tout le monde*. Ainsi que le confiait récemment Stéphane Guillon, « une société a besoin d'humoristes qui jouent les vengeurs masqués. Il nous arrive de frôler la ligne jaune, mais c'est notre devoir de gratter là où ça fait mal[1] ». Une nouvelle « posture télévisuelle », selon Thierry Ardisson. C'est le retour de l'éternelle question : Peut-on rire de tout ? Patrick Charaudeau, professeur de sciences du langage à l'université Paris XIII, voit dans ces émissions la levée du tabou du châtiment : « Le public, dit-il, fasciné par le bourreau et sa victime, voit les vedettes en position de faiblesse et a le sentiment de prendre ainsi sa revanche. »

Alors faux méchants ou vrais gentils, les humoristes ? On peut penser que l'humour n'est souvent qu'une « apparence de méchanceté ». Paradoxalement, c'est peut-être l'humour noir qui est le moins méchant, parce que lui s'avance en toute clarté ; on en connaît à l'avance les règles du jeu, donc les limites. Les autres humours, qui sont plus incertains,

---

1. *Télé 7 jours*, du 5 au 12 décembre 2004.

voire imprévisibles, sont donc plus méchants. Les dérives verbales d'un Dieudonné, par exemple, sont à cet égard exemplaires d'un humour qui frappe « où ça fait mal ». Y a-t-il des raisons personnelles à cette méchanceté ? Pour des philosophes comme Kierkegaard et Schopenhauer, la souffrance est toujours cachée à l'arrière-plan de l'humour, qui est d'abord un refuge contre les atteintes du monde jugées insupportables.

Les « vrais » méchants, qui sont-ils donc ? Des êtres qui abusent leurs victimes pour les mener là où ils le désirent ? Des assoiffés de pouvoir ? Des jouisseurs insatiables ? Des vengeurs, masqués ou non ? Un homme comme Machiavel, qui a donné son nom aux plus funestes conduites politiques, est-il, avec *Le Prince*, l'auteur d'un « méchant essai » ? Parce qu'il ose dénoncer de mauvaises mœurs publiques et démonter le processus de la tyrannie – en montrant les conditions qui rendent celle-ci victorieuse –, est-il lui-même un « méchant homme » ? Rien n'est moins sûr.

Petites et grandes méchancetés verbales, physiques et guerrières

La méchanceté est parfois faite de petites critiques continuelles (entre conjoints, collègues de travail, par exemple), de réflexions blessantes, qui minent progressivement l'ambiance. La facilité et la brutalité avec lesquelles se manifestent les comportements méchants, en paroles ou en actions, surtout dans la vie quotidienne, suscitent la réprobation générale. Pourtant, l'on dit volontiers de certaines de ces conduites qu'elles ne sont « pas bien graves ». Nous connaissons tous l'expression type : « Ce n'est (ou ce n'était) pas bien méchant ! », qui entend signifier à l'autre que sa méchanceté n'était pas intentionnelle.

Pensons à ce garçon (11 ans), qui raconte une blague à l'un de ses camarades en croyant le faire rire. Pas de chance !

La blague est mauvaise, et plus encore, méchante : le camarade n'a pas apprécié d'être traité de « Babar » à cause de ses oreilles décollées. Prenons un deuxième exemple, celui de Rodolphe (21 ans), étudiant suisse, marié : « Je dis à ma femme qu'elle ne s'habille pas sexy. Elle me répond que si. La preuve : son petit haut noir. Comme je ne sais pas quoi répondre, je dis quelque chose de méchant, du genre : "Y a une différence entre s'habiller sexy et s'habiller comme une pute" ! » La méchanceté se prodigue donc en paroles : « enculé », « enculé de ta race », « sale pute », « salope », « fils de pute », etc., les mots pullulent pour les méchants de la sémantique. « Ma mère venait me chercher à l'école, explique Sophie (11 ans). Elle a vu une fille qui grimpait sur un lampadaire. Ma mère l'a regardée bizarrement et la fille lui a dit : "Sorcière" ! »

Les mots méchants sont très blessants, ils peuvent même tuer. On connaît des histoires de gens accusés d'actes graves, comme des abus sexuels sur des enfants, qui ont été traités de tous les noms tels que « pourriture », « ordure », quelquefois injustement. C'est l'affaire d'Outreau, dont les accusés sont finalement presque tous innocentés et libérés, mais qui, après ce terrible traitement par les mots ainsi que de longs mois de détention, ne trouvent plus de sens à leur vie. L'un d'eux a même brusquement décidé de la quitter ; dans un geste désespéré, il s'est suicidé en prison.

Si la *méchanceté verbale ordinaire* peut moins porter à conséquence, elle peut faire mal malgré tout. Les filles y sont plus sensibles que les garçons. Voici le témoignage rétrospectif d'une jeune femme de Saint-Nazaire :

> *À onze ans, en classe de 6e, nous étions partis en voyage de classe à Belle-Île. Nous étions un groupe d'environ cinq, six camarades, et nous étions plutôt en harmonie, sauf avec une : Amandine. Elle n'était pas toujours drôle, nous avions parfois du mal à la supporter et allions jusqu'à la critiquer*

dans son dos. Jusque-là, rien de très extraordinaire dans une vie sociale de collégienne. Cependant, le voyage ayant un peu exacerbé les relations, je me suis libérée. Pendant un pique-nique, l'une de nous avait ramené des bonbons dans un sachet qu'elle faisait passer dans le groupe, sauf à l'extrémité où était assise Amandine. « Pourquoi j'en ai pas ? », demande Amandine. Ni une ni deux, je réplique : « C'est parce que toi, on t'aime pas. » J'avais pleinement conscience de la cruauté de mes propos, seulement j'ai trouvé ça moins lourd à porter que l'hypocrisie. Je ne me souviens plus de ce qui s'est passé ensuite... Peut-être que j'ai préféré ne pas le mémoriser.

Autres exemples : ces grands frères ou grandes sœurs, excédés par les comportements de leurs frères et sœurs plus petits, qui finissent par leur dire qu'ils ne sont pas vraiment leur frère ou sœur, voire qui menacent de les tuer ou à tout le moins de leur casser quelque membre... Ce sont encore des insultes dans la rue, comme le rapporte Marianne (11 ans) : « Une bande de grands – au moins six – débarquent un jour à vélo ; nous on en faisait aussi ; ils nous ont poursuivis en nous insultant jusqu'à ce qu'on arrive chez nous et qu'on s'y réfugie. »

Arrêtons-nous un instant aux injures et aux insultes. Elles ne revêtent pas le même sens pour les adultes et pour les adolescents. Chez les adultes, toute insulte présente en règle générale un caractère de gravité ; elle est perçue comme une agression et produit souvent une réaction du même ordre. Se faire traiter d'« enculé », de « salopard » ne laisse jamais le destinataire indifférent. Chez les adolescents, d'habiles distinctions sont au contraire établies entre « insultes méchantes » et « insultes pas méchantes » ou « banales ». Sans doute les très jeunes mettent-ils en œuvre des codes implicites impliquant une hiérarchisation des conduites. Il est ainsi des propos dont on ne s'offusque pas. Une « mauvaise blague », comme les jeunes la qualifient, peut par exemple ne pas être perçue, ni par son auteur ni par son destinataire, comme une « vraie » méchanceté. Et même si la victime réagit brusquement, elle va tenter de dédramatiser le propos. Thibault (11 ans), qui est en classe de 6e, me donne, au cours d'un entretien, cet exemple de mauvaise blague qu'il a faite un jour à une fille, blonde, de sa classe : « Qu'est-ce qu'on voit chez une blonde aux yeux bleus ? Le fond de son crâne » ; et la jeune fille de lui répondre : « Je t'emmerde ! » Son frère Auguste (13 ans), en 5e, partage ce point de vue à l'image de beaucoup d'autres adolescents : il y a de mauvaises blagues qui ne sont pas méchantes. De là à parler de « bonnes méchancetés » ! Des mots comme « connard », « pauvre con », « sadomaso », « tête de hareng », « pétasse », de l'aveu même des filles, semblent aujourd'hui banalisés, tout comme les expressions de « sale jaune » ou de « bouffeur de riz » adressées à des enfants d'origine asiatique, ou le terme de « bamboula » lancé à de jeunes Noirs. Tout cela laisse, apparemment, assez indifférent. L'expression de « pute » est elle aussi, semble-t-il, dédramatisée par les jeunes filles elles-mêmes : « On se traite de putes assez souvent entre nous, reconnaît une collégienne ; c'est pas méchant, c'est banalisé. » Il est en revanche des insultes qui ne sont pas tolérées, comme « fils de ta mère ». Il est enfin des insultes dont la tolérance varie selon le milieu social. Ainsi, les fameux « nique ta mère », « enculé de ta race », qui sont des expressions assez ordinaires chez nombre d'enfants des cités, paraissent-elles moins employées par les jeunes des milieux favorisés. Elles sont de toute façon moins bien perçues par ces jeunes qui les tiennent encore pour des insultes graves. Mais, comme le précise Auguste, c'est souvent le ton utilisé pour proférer de tels propos qui est pris en compte. Plus doux entre copains, l'« attaque » verbale perd alors de sa force de pénétration. Plus agressif avec ceux qui ne sont pas « du groupe », le propos peut toucher la cible de plein fouet.

Certaines insultes traduisent manifestement une grande intolérance vis-à-vis de la différence. Sébastien reconnaît ainsi avoir été très méchant autrefois avec un garçon de son collège :

> *J'étais alors en 5e dans un collège public. La liberté était quasiment totale étant donné que le principal ne sortait jamais et qu'une complicité régnait entre les élèves et les surveillants. Je me souviens donc d'avoir été extrêmement méchant avec un garçon nommé Aurélien, légèrement efféminé, qui était donc, à nos yeux d'enfants peu tolérants, un homosexuel. Un jour que nous sortions d'EPS [Éducation physique et sportive], il est venu me parler et s'est approché tellement près de moi que je n'ai pu m'empêcher de lui lâcher au visage des termes tels que « Dégage, sale tante » et « Tu me dégoûtes, sale pédé ». Cela m'a fait du bien sur le moment, car j'avais réellement besoin de lui dire ce que je pensais. Mais après cela je me suis senti quelque peu mal à l'aise. Je ne me suis cependant pas excusé, comme quasiment chaque fois que je fais du mal par méchanceté. Sébastien (17 ans), en 1re, père ingénieur, mère employée de commerce*

Sébastien (17 ans), en 1re,
père ingénieur, mère employée de commerce.

La méchanceté morale est la plus souvent dénoncée, principalement par les adultes. Elle semble toucher, de préférence, des personnes de sexe féminin, et prendre la forme de menaces, comme le traduisent ces deux exemples :

> *Quand j'avais huit ans, un cousin m'a menacée avec un couteau pendant un mois. Mes résultats scolaires ont baissé et, parce que ça m'a beaucoup marquée, j'avais peur de le dire. Mon cousin m'avait dit aussi que si je le disais il me frapperait ; je l'ai dit tout de même, il a été sévèrement puni et depuis il n'a plus recommencé.*

Élodie (12 ans), parents petits commerçants.

> *Un jour, il y avait un enfant qui voulait jouer à son Game Boy, mais sa mamie voulait, elle, qu'il se couche, alors il lui a dit : « Je vais te tuer ! ».*
>
> Aurélien (12 ans), père boulanger.

La méchanceté s'exprime aussi par des gestes. La méchanceté, nous rappelle le cinéaste de *Shoah*, Claude Lanzmann, c'est ce geste de la main mimant l'acte de trancher la gorge d'une oreille à l'autre, que faisaient les paysans polonais aux juifs qui arrivaient au camp de Treblinka pour leur signifier leur mort prochaine. Voici, dit Lanzmann, un geste de sadisme pur, de haine. La méchanceté gestuelle, c'est encore cette vieille dame acariâtre qui fait – mais oui ! – un bras d'honneur à un jeune adolescent...

La méchanceté, ce sont également, bien sûr, des *actes physiques* : les coups, les blessures, les jets de pierre, les maltraitances, les agressions. Chez les plus jeunes, comme nous l'avons vu en introduction, cette méchanceté est d'abord masculine. Les garçons sont prompts au coup de poing. Un simple énervement, une divergence de point de vue suffisent quelquefois à déclencher une bagarre. Nous entrons là dans le champ très étendu des violences ordinaires, quotidiennes, « gratuites » selon le qualificatif des victimes. Et, contrairement à une idée reçue, ces violences ne se rencontrent pas uniquement dans les zones géographiquement et économiquement défavorisées, elles ne touchent pas seulement les personnes issues des couches populaires. Toutes les catégories de populations – dans des proportions variables il est vrai – sont aujourd'hui concernées. Les plus jeunes, qui peuvent être des adolescents mais aussi des enfants, sont les premières victimes de cette violence souvent méchante. Écoutons un premier témoignage, celui d'un élève de 1re dans un lycée catholique de la région parisienne :

> *J'ai plusieurs témoignages de méchanceté. Un jour, quelqu'un a dit à un autre que je l'insultais, lui et ses parents, ce qui était totalement faux. Il a dit ça pour la seule*

raison qu'il voulait nous voir nous battre. Résultat, l'autre est arrivé, je n'étais au courant de rien, et on s'est battus, sans même savoir pourquoi.
Une autre histoire : pendant un match de foot entre « amis », un des joueurs s'est mis à insulter un adversaire, car il avait marqué un but. À la fin du match, l'équipe du méchant ayant perdu, le méchant attrapa le buteur et le tapa très violemment, l'envoyant à l'hôpital avec le nez cassé. Et tout ça pour un but…
Dernière histoire : un jour, quelqu'un passe devant moi et se moque de moi. Je lui dis : « Dégage, idiot. » Il m'attrape, me jette par terre et me frappe. Je me suis donc fait frapper pour rien et je trouve cela méchant. Je ne prétends pas être un ange, mais il y a des limites…

Valentin (16 ans), un frère (13 ans), parents assureurs.

Le deuxième témoignage est celui d'un garçon du même âge et du même établissement privé :

J'ai un ami qui attendait tranquillement dans son lycée que sa copine ait fini son cours pour rentrer avec elle. Deux jeunes gens du même âge, l'esprit assez bagarreur – d'autant plus qu'ils étaient deux et qu'il était hors de question de paraître « faible » – sont venus lui demander des cigarettes. Mais cela n'était qu'un prétexte et la conversation s'est vite échauffée. Les deux jeunes gens en sont venus aux coups et mon ami s'est retrouvé avec un visage ensanglanté. Mais l'histoire ne s'est pas finie ainsi : d'autres jeunes gens du lycée ont poursuivi les deux agresseurs et l'un d'entre eux, qui s'est fait rattraper, a dû passer un sale quart d'heure. De plus, la famille a porté plainte, l'enfant ayant eu des points de suture sur le visage. Et encore, il a failli avoir un os cassé, os qui, ne se réparant pas, l'aurait défiguré à vie. Mon message est donc le suivant : la violence appelle la violence, les hommes n'étant pas suffisamment intelligents pour stopper leurs pulsions revanchardes. Il est toutefois possible d'éviter de jeter la première pierre.

Julien (16 ans), parents cadres d'entreprise.

Un dernier témoignage, celui de Pierre, toujours du même établissement :

> *Il y a une semaine, j'ai été témoin d'une scène de violence extrême. En effet, il y a eu une altercation entre deux élèves, l'un ne voulant pas céder le passage à l'autre. Après un échange d'insultes durant quelques minutes, l'un des protagonistes, furieux, a attrapé l'autre par les cheveux et l'a frappé à coups de coude dans la tempe et dans la mâchoire ; de plus il a voulu lui « déboîter » le nez, mais fort heureusement il s'est contrôlé, au grand soulagement de toutes les personnes présentes, et bien sûr, de la victime. Enfin, celle-ci a pleuré, car elle avait malheureusement très mal. Pierre (16 ans), quatre frères et sœurs, parents restaurateurs.*

Pierre (16 ans), quatre frères et sœurs,
parents restaurateurs.

Bien entendu, les méchancetés verbale, physique et morale peuvent aller de pair. Nous disposons de nombre d'histoires de jeunes filles qui doivent essuyer au quotidien les moqueries, les insultes, voire les coups de leurs camarades de classe qui profitent, entre autres, de leur timidité ou de leur réserve naturelle. Il peut s'agir aussi de bousculades, ainsi que l'évoque cette adolescente de 6e : « Un jour, à la cantine, les 3e sont venus nous pousser, nous taper pour nous devancer, mais la surveillante était là et les a punis. » Des projectiles peuvent également être lancés :

> *Il y a moins de trois mois, j'étais au parc à côté de chez moi, vers six heures, quand, tout à coup, je me suis pris un caillou. Avec mes copains, nous avons regardé autour de nous et nous avons vu des individus de quinze à seize ans prendre des pierres et nous les jeter dessus. Ensuite, ils se sont approchés de nous et ont dit : « Comment vous vous appelez ? », mais nous n'avons pas répondu. Pour finir, nous nous sommes enfuis vers l'appartement d'un copain. Nous*

avons appelé nos parents et leur avons tout expliqué. Après, je suis rentré chez moi, soulagé de ne pas m'être fait racketter.

Anatole (11 ans), père fonctionnaire, mère architecte.

Le roman de Charlotte Brontë, *Jane Eyre*, s'ouvre, on s'en souvient, sur une dispute violente entre Jane, qui a dix ans, et John Reed, le fils de sa tante qui en a quatorze. Celui-ci la réprimande avant de lui infliger des coups. « Méchant ! », « Cruel ! », lui dit-elle, très en colère. Quelquefois les faits peuvent être plus graves. Les agressions sexuelles en sont un exemple. Julie, une jeune Bruxelloise, raconte la tentative de viol dont elle a été victime naguère :

J'étais dans le centre-ville avec ma meilleure amie et je suis tombée sur des gars de quatorze à dix-sept ans, plutôt imposants. Ils ont commencé à nous demander du shit, sinon ils ne nous laisseraient pas passer. Bien sûr, on les a ignorés, ce qui est la meilleure chose à faire face à des brutes. On s'est retournées et on a commencé à partir quand, soudain, un gars m'a sauté dessus et m'a plaquée à terre en me déshabillant. J'étais raide comme une tombe, je ne me sentais plus maître de moi-même, tandis que ma copine essayait en vain de m'aider, mais ils étaient cinq. Je me suis retrouvée presque nue dans un endroit plutôt sombre. Un homme relativement âgé est arrivé en courant, il disait avoir appelé les flics et qu'ils n'allaient pas tarder à arriver. Les gars se sont donc barrés en courant, en nous disant qu'ils ne nous rateraient pas la prochaine fois.

Il n'y a pas, quoi que l'on pense, de méchanceté « légère ». Bien entendu, les *méchancetés graves* portent plus à conséquence ; il en est ainsi de la cruauté, qui relève d'ailleurs plutôt des conduites criminelles, mais aussi des conduites cruelles rituelles. Dans l'Antiquité, par exemple, les prêtres, nommés aruspices, interrogeaient, avant la bataille, les entrailles fumantes d'animaux ou procédaient à des mises à mort de captifs. Chez les Aztèques, les sacrifices humains permettaient d'acheter au Dieu Soleil le droit de vivre une année de plus. Et faut-il rappeler que, pendant l'Ancien Régime, les condamnés à mort étaient suppliciés en place publique ? Le rituel, en somme, s'enracinait dans une cruauté de nature personnelle et guerrière.

La cruauté est de tout temps, de tout lieu. On la retrouve bien sûr, magistralement mise en scène, dans le film de Stanley Kubrick *Orange mécanique*. On se souvient de ces jeunes gens désœuvrés, en quête de mauvaises actions ; ils en commettent une, justement, qui est restée dans toutes nos mémoires : le viol d'une femme à l'issue d'une séance particulièrement humiliante, en présence de l'époux contraint à assister à cet acte de pur sadisme.

Il y a bien sûr la cruauté politique, celle des dictatures et autres régimes totalitaires. Cette cruauté a différents visages : Hitler, Staline, Franco, mais aussi, si nous remontons le fil de l'histoire, Ivan le Terrible, qui tua, de ses propres mains, son fils aîné – son favori –, expliquant son geste par les souffrances qu'il avait lui-même endurées, enfant ; ou bien encore Pierre le Grand, qui n'exécuta pas lui-même son fils aîné mais le fit tuer par sa police secrète.

La cruauté est jouissive, elle « rapporte gros », elle donne par exemple au chef militaire le moyen de se défaire de l'ennemi définitivement, car il n'est pas de cruauté sans mise à mort ; c'est ainsi qu'au dire de Cicéron, Hannibal était « cruel », mais on sait qu'en disant cela les Romains cherchaient à justifier la destruction de Carthage. La cruauté donne également au cruel la possibilité de jouir de la souffrance des hommes, mais aussi des bêtes ; c'est pourquoi, avec elle, s'ouvre d'ordinaire le règne arbitraire de la torture. Car, on le sait, si le plaisir est imaginatif, le plaisir de torturer l'est plus encore.

La cruauté peut être plus ordinaire, plus « civile » – c'est la cruauté du temps de paix. On se souvient du jeune

Adrien (12 ans), découvert gisant dans un vieux blockhaus de Thionville en août 1998 ; on se rappelle la découverte macabre des enquêteurs : des éclats de dents au sol, indiquant que l'adolescent avait été violemment frappé, ce que de nombreuses fractures du crâne attestaient.

Il faut encore savoir que la cruauté est un spectacle recherché : n'éveille-t-elle pas un plaisir caché, un plaisir interdit reposant sur l'identification au bourreau que tout un chacun envie inconsciemment ?

Plaisir de faire le mal, cruauté mentale, enivrement procuré par le crime, voici la pensée de Sade, qui a produit le tristement célèbre « sadisme ». Nous sommes là devant une forme perverse de la méchanceté. Perversion, perversité. La première est sexuelle, mais elle n'est pas toujours méchante ; c'est le cas de l'exhibitionnisme, par exemple. Le sadisme, le masochisme en revanche sont, par essence, pratiques méchantes. Perversité, c'est le désir du mal pour le mal ; elle implique l'intention maligne, la décision de causer un tort ou une souffrance. Certains gestes, comme la gifle ou la fessée, qui stimulent le désir et accroissent le plaisir de leur auteur, sont gestes pervers. Il faut souligner que dans les conduites perverses, dont le niveau de destructivité est élevé, le plaisir dure aussi longtemps qu'il y a transgression et que la limite à franchir recule toujours.

Le *racisme*, voilà une autre terrible méchanceté. Il est, pourrait-on dire, le « niveau zéro » de l'idéologie, puisqu'il consiste à accuser de tous les maux un individu ou un groupe cible, choisi sur le seul critère d'une différence identifiable : être noir, juif, maghrébin ; bref, à punir l'autre, comme le rappelle Primo Levi, parce qu'il est autre, sur la base d'une idéologie abstraite. Il s'agit dès lors d'attaquer, voire d'anéantir la cible, ce qui permet, du même coup, de renforcer le sentiment de cohésion du groupe agresseur. Nous sommes ici face à un véritable « exercice de la méchanceté ». Prenons un exemple : des néonazis se réunissent et décident de s'attaquer à des gens de couleur. Ils ratonnent ces gens, puis ils s'en vont, satisfaits, s'enivrer dans quelque taverne.

Le racisme généralisé, comme l'Afrique du Sud le connut pendant de longues décennies sous le nom d'apartheid, permet de dire qu'il existe des sociétés méchantes. Mais il existe aussi un racisme ordinaire. Ici, les exemples abondent. Nous avons choisi l'histoire de ce jeune homme (15 ans), qui vit avec sa mère, hôtesse d'accueil :

> *Je suis d'origine étrangère… j'ai un voisin raciste. Celui-ci a essayé de nous faire expulser de notre immeuble en nous rendant responsables de troubles dans le bâtiment, causés supposément par notre chat. Mais nous avons vivement réagi en soulignant qu'il y avait plein de chats dans l'immeuble, et que, comme par hasard, c'est le nôtre qui était fautif. N'ayant pas réussi à nous faire expulser, il a assassiné notre chat avec des boulettes de viande empoisonnées ; je l'ai entendu s'en vanter.*

De tout temps, en réalité, les peuples et les hommes se sont montrés xénophobes. Les Romains, déjà, n'aimaient guère les étrangers, les juifs en particulier, et manifestaient de l'*hostis* (hostilité) à leur endroit. Freud nous explique ce mécanisme du racisme et de la haine de l'autre. Il est toujours possible, écrit-il dans *Malaise dans la civilisation*, d'unir les hommes par les liens de l'amour, à la seule condition qu'il y en ait aussi pour recevoir les coups. La cohésion sociale semble ainsi toujours exiger un objet sur lequel elle puisse faire porter son agressivité. Il est donc des minorités « élues » à cette fonction de bouc émissaire[1].

---

1. Nous avons développé ce point dans *Les Interdits, fondements de la liberté*, Paris, Les Presses de la Renaissance, 2004.

Un dernier mot. Que penser du *mensonge* ? Il est souvent une vraie méchanceté, l'une des pires de toutes peut-être, avec celles qui viennent d'être indiquées. Sa force, en effet, est d'apparaître comme une vérité – on se souvient du « mentir-vrai » de Louis Aragon, parlant de l'écriture romanesque. « Mentir, disait Hugo, c'est l'absolu du mal. Celui qui ment, ment tout le mensonge ; mentir, c'est la face même du démon ; Satan a deux noms, il s'appelle Satan et il s'appelle Mensonge[1]. » La petite Jane Eyre, soupçonnée par le directeur de son internat d'avoir tenu de vilains propos sur sa « bienfaitrice », Mlle Reed, se fera traiter de « menteuse » – suprême accusation, vécue par l'intéressée comme une immense injustice. À noter que les adolescents sont très sensibles à cette forme de méchanceté qu'ils trouvent très grave et perturbante.

L'on peut cependant distinguer deux types de mensonge : le mensonge-tromperie qui vise à accroître son pouvoir et sa liberté au détriment d'autrui, à se soustraire aux contraintes que l'on a à son égard, et le mensonge-protection, celui qui travestit la vérité pour ne pas inquiéter le vis-à-vis, ou pour le protéger, un mensonge « altruiste » en quelque sorte. Mais la distinction entre les deux mensonges est fragile. Comme l'écrivait Catherine Vincent, journaliste, dans *Le Monde* du 10 octobre 2004, il faut « mentir pour l'autre, mais ne pas le tromper, mentir pour soi sans trop trahir l'autre ». Au bout du compte, il n'est de méchanceté que si mentir sert un projet de nuisance à autrui.

---

1. Victor HUGO, *Les Misérables*, *op. cit.*, p. 219.

Chapitre 2

Les caractéristiques de la méchanceté

Entre clair et obscur

Pourtant, Socrate, il serait étrange que ceux qui font le mal volontairement soient meilleurs que ceux qui le font involontairement.

PLATON, *Hippias mineur*

Jugerons-nous d'un méchant sur ses actes, sur son caractère, sur son humeur, sur ses pensées ? Il nous faut ici préciser notre définition introductive.

C'est principalement par des méfaits effectifs que l'on s'aliène les gens, secondairement par une pensée malveillante même si ce « mauvais vouloir » n'est pas toujours suivi d'effet. Pour inspirer au monde un vif mépris, il suffit, ainsi que le veut l'opinion commune, que l'on passe pour égoïste, avare, déloyal, tous ces défauts qui contribuent au raidissement du caractère et à la fausseté des relations. Telles sont les raisons majeures qui font que l'on est blâmé, et quelquefois même haï.

En résumé, pour susciter la méfiance, deux vices sont requis : la malignité dans la conduite de sa vie et l'injustice, car nous nous défions de ceux que nous croyons fourbes et intéressés.

L'intention de faire du mal à autrui ou de faire mal à soi-même

Nous abordons spontanément la méchanceté sous un angle moral ; de ce point de vue, elle est avant tout ce que nous considérons qu'elle est, soit un énoncé. C'est ce qui la rend répréhensible : être méchant pour obtenir quelque chose nous apparaît alors pire qu'être bon ou gentil. La méchanceté semble, de ce point de vue, liée à une intention que l'on qualifie de bonne ou mauvaise selon nos critères moraux. Considérons ainsi que la méchanceté consiste en une *disposition de l'esprit* animé d'un projet : faire du mal, *sciemment*, *volontairement*, à autrui (homme ou animal), mais aussi, quelquefois, à soi-même. Nous retrouvons ici *l'intentionnalité* mentionnée par Hegel dans sa définition que nous avons citée dans notre entrée en matière :

> *Méchante* est la disposition d'esprit qui consiste à nuire à autrui *sciemment* et *volontairement*. *Mauvaise* celle qui consiste, en cédant à son inclination par *faiblesse*, à violer des devoirs envers autrui ou envers soi[1].

Toute intention est un *vouloir*, ce qui distingue l'homme de l'animal qui ne saurait avoir que des *désirs*. En conséquence de quoi, une méchanceté que je suis « obligé » de commettre n'est pas une vraie méchanceté. La contrainte, en effet, efface le mauvais acte ; cela vaut tant pour l'acte tourné vers autrui que pour celui qui est orienté vers soi-même. N'est pas ainsi « méchanceté contre soi » (autrement nommée ici suicide) le geste du résistant qui, craignant la torture, se tue dans les locaux de la Gestapo. Nous retrouvons dès cet instant Kant quand il indique que « la

1. G.W. Friedrich HEGEL, *op. cit.*, p. 79.

“Méchanceté” ou si l'on préfère, la “corruption” du cœur humain, est le penchant du libre arbitre à des maximes qui font passer le motif de la loi morale après d'autres (qui ne sont pas moraux)[1] ».

La difficulté est donc de déterminer si la parole émise, l'acte accompli l'ont été par méchanceté *délibérée*. Comment en être toujours certain ?

Nous emprunterons ici un exemple au domaine sportif : le football. En octobre 2005, lors du match opposant l'Olympique de Marseille au club de Paris Saint-Germain, le gardien de l'OM, Fabien Barthez, sort énergiquement au-devant d'un joueur parisien qui se présente seul dans sa surface : les deux joueurs se percutent. Le gardien est-il ou non coupable ? L'arbitre ne siffle pas de faute et s'en explique : « C'est une maladresse de Barthez, mais ça se limite à ça. Il n'y a pas intention de faire mal et ce geste ne méritait pas l'expulsion, ni même de siffler un coup franc. » Expression, chez le directeur de jeu, d'une pleine subjectivité. Pas simple, en effet, de déterminer l'intentionnalité avec certitude. L'acte méchant, dit Hegel, se reconnaît avant tout par ses conséquences ou par la connaissance que l'on peut avoir de celles-ci, pas toujours par son intention. Sans doute un acte isolé ne suffit-il pas à conclure définitivement qu'il y a eu méchanceté et faut-il au contraire une répétition d'actes de même nature pour conforter le soupçon de méchanceté, ainsi que l'explique cette jeune femme :

> *Je connais une personne de mon entourage qui, de manière habituelle et répétitive, ne perd pas une occasion de dire des choses blessantes, souvent en feignant de ne pas en avoir l'air. Il est alors très probable que son comportement relève de la*

---

1. Emmanuel KANT, *La Religion dans les limites de la simple raison*, Paris, Vrin, 2000, p. 50.

> *méchanceté pure et simple, celle que l'on nomme « gratuite », car cette personne n'a même pas l'excuse d'être en colère ou de dire du mal de quelqu'un qui lui aurait fait du mal au préalable.*
>
> Marie-Laure (38 ans), assistante médicale, Paris.

Le monde adolescent est, lui aussi, riche en méchancetés que l'on dit quelquefois « gratuites ». Voici une jeune fille qui sort avec un garçon qui déplaît à ses amies. Aussitôt, celles-ci ne lui adressent plus la parole. Voici à présent un jeune garçon avec « une gueule qui ne revient pas », il s'attire rapidement l'antipathie et la méchanceté des autres. Qu'y peut-il ? Un dernier exemple, celui d'Émilie, âgée aujourd'hui d'une trentaine d'années, se rappelant ses quinze ans :

> *Nous étions six filles pour vingt-cinq garçons dans la classe. En début d'année nous étions donc souvent toutes ensemble, sauf qu'on s'assoit par deux. Deux filles se connaissaient déjà et deux autres se sont trouvées des affinités, je me retrouvais donc avec la sixième, Sophie. Seulement, nous n'avions pas les mêmes centres d'intérêt ni les mêmes amis... Je sentais que les autres filles se détachaient aussi d'elle. Nous allions sans elle jouer aux cartes pendant les pauses, nous ne l'invitions pas à aller boire un café, etc. Et chaque jour, j'entrais en classe, je m'asseyais, et sans rien demander, Sophie se mettait à côté de moi. Je n'étais pas loin d'exploser, ne la supportant plus, une parole de travers de sa part et j'étais capable de l'insulter... Sans trop de subtilité, je lui ai fait comprendre que nous n'étions pas amies : je rentre en classe, elle me suit, je regarde une table vide. « Tu veux t'asseoir là ? », lui demandai-je, elle me répondit « Oui » et s'assit. Moi, je suis allée m'asseoir ailleurs... Je crois qu'elle ne m'a plus jamais adressé la parole, c'était ce que je voulais. Je savais que mon attitude était méchante, mais je savais aussi que je n'aurais pas pu avoir une conversation posée avec elle, j'aurais explosé.*

C'est parfois à soi-même que l'on entend faire du mal, encore que la distinction entre la méchanceté orientée contre soi et celle dirigée contre autrui soit parfois délicate à établir. La méchanceté orientée contre soi est en effet aussi, quelquefois, une méchanceté envers autrui. La personne qui se suicide, par exemple, peut chercher par son geste à atteindre l'autre, le proche, qui ne l'a pas compris. En se donnant la mort, elle tente d'empoisonner la vie des vivants, et cette idée lui plaît. Inversement, la méchanceté dirigée contre autrui exprime parfois une méchanceté orientée contre soi. Les expertises psychiatriques ont ainsi révélé que le tueur Émile Louis, abandonné à la naissance, maltraité par ses parents nourriciers, violé à l'adolescence par un moniteur de colonie de vacances, avait développé, sa vie durant, une haine féroce contre lui-même. En tuant des jeunes filles sans défense, il se tuait en quelque sorte.

Il semble bien, en tout cas nous l'avons vu, qu'avec la méchanceté tout réside dans l'*intention* : il faut « le faire exprès », ainsi que le disent les adolescents. Mais faut-il nécessairement un « désir malin » pour parler de méchanceté ? Prenons le trait d'esprit : n'est-il réellement méchant que s'il est coloré d'une intention maligne ? Se pose ici la question de l'acte méchant accompli avec une bonne intention, au nom de la loi, de la justice, de la sécurité nationale, de la recherche scientifique... Nous devons donc nous demander si un acte exécuté avec une « bonne intention » perd, de ce fait, sa qualité d'acte méchant. Autrement dit, la nature d'un acte dépend-elle toujours de la nature de son intention ?

Arrêtons-nous un instant aux exemples du bourreau, du soldat, du chercheur-expérimentateur. On le sait, on torture des animaux, les rats notamment, pour, diton, mieux connaître les réactions des nerfs, des muscles, du cerveau. Ces expérimentations légales nous sont présentées comme nécessaires aux progrès de la médecine et, par conséquent, à l'amélioration de la santé des hommes. Comment, nous demande-t-on, déterminer les effets d'un sérum destiné à sauver des vies humaines, sans avoir préalablement éprouvé sur les animaux son innocuité et son efficacité ? Comment entreprendre une opération chirurgicale jamais réalisée sur l'homme sans avoir d'abord fixé les détails de sa technique sur quelque membre de l'espèce animale ? Et les expérimentateurs de nous rassurer : dans tous les cas, nous disent-ils, la souffrance sera évitée à l'animal cobaye. Dans le même ordre d'idées, on sait l'indignation que suscite la révélation de certaines conditions d'abattage d'animaux et des souffrances endurées par les bêtes, une question trop connue pour que l'on s'y attarde ici.

Le soldat, quant à lui, tue consciemment son prochain. N'est-ce pas le pire mal qu'il puisse lui faire ? Et même si l'homme en armes a le sentiment de servir une juste cause, c'est-à-dire sa patrie, cela efface-t-il pour autant le caractère mauvais de son action ? Non, d'autant moins qu'en tout soldat sommeille un bourreau : les meilleures intentions du premier ne sont jamais très loin des pires exactions du second. De ce strict point de vue, les soldats de la démocratie n'ont rien à envier en horreurs et en cruautés aux soldats de la tyrannie. Japonais en Chine, Américains au Vietnam, Français en Algérie : partout le même plaisir de la destruction et l'abus sexuel des populations, hommes, femmes et enfants. Finalement, la différence entre les guerres modernes et les guerres antiques semble tenir dans le seul fait qu'au cours de celles-ci les exactions étaient considérées comme légitimes. À Rome, par exemple, une fois qu'une ville était prise, elle était considérée comme pouvant être abandonnée aux soldats victorieux qui la pillaient et en massacraient les habitants.

Et que dire du bourreau, celui de la Justice ? Attardons-nous sur lui, car il y a beaucoup à en dire. Roger Caillois lui a consacré naguère une étude fort intéressante dont nous allons reprendre ici les grandes lignes. Questionnons-nous : le bourreau, qui, en exécutant un condamné, lui fait sciemment du mal, commet-il un acte de méchanceté – et plus encore de cruauté – à son encontre ? Raisonnons à partir de l'exemple que nous donne Caillois, celui du bourreau Deibler. Petit rappel des faits : le 2 février 1939, la France, presque consternée, apprend la mort d'Anatole Deibler, le vieux bourreau de la République, âgé de soixante-seize ans. Cet homme, qui avait fait tomber pas moins de quatre cents têtes, la presse de l'époque nous en dresse un portrait presque sympathique. Ainsi apprend-on que l'exécuteur de justice était, dans la vie quotidienne, familier et aimable :

> Il promène tous les matins son petit chien, fréquente durant l'après-midi les champs de course, se fait apporter chez lui, du café voisin, l'apéritif, quand son estomac le lui permet ; il aime jouer à la manille... sa vie est celle d'un fonctionnaire ponctuel, d'un « bon père de famille », qui cultive les roses rares, façonne et cuit les poteries artistiques[1].

Mais revenons à la question initiale : le bourreau est-il méchant ? Méchant dans son cœur ? Selon la presse, évoquée plus haut, Deibler, dont le visage dégageait douceur et mélancolie, avait un cœur sensible et se montrait toujours disposé à rendre service à son prochain et à secourir les pauvres ; on lui rendait même grâce d'avoir introduit des perfectionnements dans la guillotine. On soulignait également les tourments de sa vie privée : un fils mort prématurément à l'âge de cinq ans (des suites d'une erreur de prescription médicamenteuse), une grande fille désespérée de ne point trouver d'époux.

---

1. Roger CAILLOIS, *Instincts et Société*, Paris, Gonthier, 1964, pp. 11 et 34.

Le bourreau, souvenons-nous, agit au nom de la loi. Est-ce à dire qu'il a la reconnaissance de l'État ? Caillois nous donne des indices qui permettent d'en douter. D'abord le bourreau est rétribué sur les fonds d'un chapitre spécial du budget du ministère de la Justice, comme un vulgaire employé. Ensuite, il est « oublié » sur les registres de conscription. Enfin, sa charge est héréditaire, ce qui condamne ses enfants et, à défaut d'héritiers mâles, ses neveux, à porter cette lourde hérédité : à subir quolibets et railleries des camarades de classe, et même, quelquefois, à perdre la vie, à l'image de cette jeune fille dépeinte dans un conte de Clément Brentano, qui, pour avoir par inadvertance posé sa main sur la hache du bourreau, avait été décapitée. Le bourreau incarne en effet l'ignominie, on ne peut le toucher au risque d'être souillé ; il appartient à l'aspect sinistre, maléfique, du monde surnaturel. Il est, selon Caillois, une sorte de sorcier, de prêtre à rebours. De surcroît, vêtu de rouge, il est plus ou moins assimilé au diable. Mais, parce qu'il incarne aussi le sacré, le bourreau porte-bonheur. Aux jeunes fiancés qui désespèrent de recevoir jamais la bénédiction régulière des autorités ecclésiastiques, il donne sa propre bénédiction qui consacre officiellement l'union. Aux malades qui désespèrent de la médecine traditionnelle, il offre ses pouvoirs spéciaux, de rebouteux par exemple ; avec les multiples ingrédients extraits des cadavres des condamnés, il compose en effet toutes sortes de philtres. On rapporte que les gens croyaient qu'avec de la graisse de pendu il pouvait guérir les rhumatismes, et avec de la raclure de crâne humain, l'épilepsie. En somme, le bourreau qui vit en marge, dans l'obscurité, est à la fois celui que l'on fuit et celui que l'on persécute, que l'on craint et que l'on maltraite. Caillois dit que lorsque Dieu ne répond pas, on s'adresse au diable, et que lorsque le médecin est impuissant, on se tourne vers le guérisseur… Le bourreau touche aux deux mondes. Il tient de la loi son mandat, mais il est son dernier serviteur, le plus près des régions obscures, périphériques où se meuvent et se cachent ceux-là mêmes qu'il combat.

Alors, le bourreau, un vrai méchant ? On pourrait certes dire, à sa décharge, qu'il n'a pas le choix de faire ce qu'il fait. En France, nous l'avons indiqué, sa charge était héréditaire, on était donc bourreau de père en fils. On pourrait dire encore qu'il peut assurément rendre la souffrance du condamné la moins insupportable qu'il lui est possible. On se rappelle à cet égard le fameux Sanson, bourreau sous Louis XV, qui, disait-on, avait la main si légère qu'il opérait sans que le condamné sentît quelque chose. Que l'on songe à ce dialogue avec Lally-Tollendal qui s'impatientait de son exécution. Et Sanson de lui répondre, lui montrant sa tête séparée du corps : « Mais, Monseigneur, c'est fait. Voyez vous-même. »

Le fait que le bourreau prenne sur lui toute l'horreur de l'exécution (l'État, de fait, s'en lave les mains !), qu'il accapare toutes les forces obscures, la part maudite de l'humanité, et qu'à partir de la Révolution de 1789 on lui réserve tous les honneurs – on le pare du titre de « citoyen actif » et on l'invite à dîner – parce qu'on lui est reconnaissant de trancher les têtes des « ennemis du peuple » et d'abord celle du roi, tout cela suffit-il à le laver de sa méchanceté ? Non. Hegel a raison, la bonne intention ne supprime pas le caractère méchant de l'action qu'elle inspire :

> Il y a hypocrisie lorsque des hommes se conduisent avec méchanceté tout en se donnant, aux yeux d'autrui, l'apparence d'avoir une bonne intention, de vouloir accomplir une bonne action… Lorsqu'on commet une action méchante, c'est que l'intention a été, elle aussi, par essence même, méchante, et non pas bonne… *Le but, ou l'intention ne sanctifie pas les moyens*[1].

1. G.W. Friedrich HEGEL, *op. cit.*, p. 7879.

Il faut donc considérer le bourreau comme un méchant, un être d'autant plus méchant qu'il peut prendre plaisir à ce qu'il fait. Bien sûr, nous n'oublierons pas malgré tout que le méchant principal, et même majeur, c'est l'État, qui ordonne cette méchanceté et la rend légale. Nous n'oublierons pas davantage que le bourreau, dans sa tâche, a un complice : l'échafaud lui-même, « sorte d'être qui a je ne sais quelle sombre initiative », selon l'expression d'Hugo, qui nous a laissé ces très belles lignes sur le sujet :

> L'échafaud est le complice du bourreau, il dévore ; il mange de la chair, il boit du sang. L'échafaud est une sorte de monstre fabriqué par le juge et par le charpentier, un spectre qui semble vivre d'une espèce de vie épouvantable faite de toute la mort qu'il a donnée[1].

Et que penser des supplices dont l'Ancien Régime était si friand ? Supplices de lointaine origine : aurait-on, par exemple, oublié que la loi des Douze Tables prévoyait que le parricide serait condamné à être noyé, cousu dans un sac, la tête enveloppée ? N'était-ce pas là supplice inhumain, véritable méchanceté d'État ? Et que dire du supplice enduré par le Christ sur la croix ? Michel Foucault nous a laissé de très belles pages sur le raffinement des peines monarchiques dans la société française d'Ancien Régime. Nietzsche lui-même évoque les pénalités dans les anciens royaumes de son pays :

> Par exemple la lapidation (déjà la légende faisait tomber la meule sur la tête du coupable), la roue (l'invention la plus originale et la spécialité du génie allemand dans le domaine du châtiment), le supplice du pal, la lacération, l'écrasement sous les pieds des chevaux

1. Victor HUGO, *Les Misérables*, *op. cit.*, p. 18.

> (l'« écartèlement »), l'ébouillantage du criminel dans de l'huile ou dans du vin (au XIVe et au XVe siècle encore), l'écorchage si répandu (le supplice des « lanières »), l'excision des chairs de la poitrine ; ou encore l'usage d'enduire le malfaiteur de miel et de l'abandonner aux mouches sous un soleil brûlant[1].

Assurément, la légalité n'efface pas la méchanceté.

« Nul n'est méchant involontairement »

Une mauvaise action, pour mériter le nom de méchanceté, doit-elle toujours être accomplie *volontairement* ? On connaît le « nul n'est méchant volontairement », principe prêté à Socrate par Platon dont celui-ci fait état dans l'*Hippias mineur*, que Marc Aurèle reprendra dans ses *Pensées*. L'homme raisonnable, c'est-à-dire celui qui a la vraie connaissance, ne saurait être mauvais. Pour Descartes aussi, l'homme ne veut que les choses bonnes, et c'est malgré lui qu'il se comporte mal ; c'est donc bien un défaut de connaissance du bien qui le rend méchant. La méchanceté, dira Kant, c'est « la raison pervertie ». Nous le verrons plus tard, c'est aussi un défaut d'apprentissage social qui, toujours selon Kant, entraîne quelquefois l'être humain sur les voies du « mal ». La formule de Platon, qui se veut vérité universelle, traduit un formidable optimisme quant à la nature humaine ; elle est reprise par Ronsard dans *De l'envie* lorsqu'il dit que les hommes ne désirent point être méchants. Hélas ! Cet optimisme est démenti par toutes les monstruosités qui font partie, depuis toujours, de la vie des hommes. Dans le même ordre d'idées, certains auteurs contemporains, comme Willy Pasini, estiment que toute

1. Friedrich NIETZSCHE, *La Généalogie de la morale*, *op. cit.*, p. 65.

méchanceté n'est pas intentionnelle, qu'il existe donc des méchants *involontaires*, les égocentriques, par exemple. Pour revenir à Socrate et à Platon, l'homme qui fait objectivement du mal à ses semblables en espère toujours du bien pour lui-même. La belle affaire !

Affirmons donc ici un autre principe, à savoir que, contrairement à l'opinion de Platon, « nul n'est méchant involontairement ». Certes, la question demeure malgré tout de déterminer si, méchant, on ne pourrait pas l'être, *quelquefois*, par maladresse, inattention, inadvertance, contrainte. Il arrive en effet que nous causions à notre insu du chagrin ou de la peine, que nous offensions autrui. Il se peut, admet Martine, enseignante suisse (57 ans, un fils de 21 ans), qu'une parole mal placée ou maladroite touche un point sensible de l'autre. Voici une personne X qui promet de rendre un service important à une personne Y ; elle oublie son engagement. S'agit-il de méchanceté ? Non, quand bien même le destinataire de l'acte ou du propos en serait convaincu. Comme le dit Cicéron, « il faut faire à la personne toutes les excuses possibles, lui montrer qu'on a cédé à quelque nécessité, qu'il n'y avait pas moyen de faire autrement[1] ». Ainsi que le souligne encore Martine, « si on regarde les gens quand on leur parle, on peut arranger, expliquer ».

Prenons un exemple plus douloureux. Voici un homme d'ordinaire paisible. Pourtant, ce soir-là, il a bu plus que de raison et bat sa femme. S'agit-il là encore de méchanceté ? Non à nouveau. La conscience, l'intention manquent. Marie-Laure (38 ans), que nous avons déjà citée, est convaincue qu'on ne saurait être méchant que sciemment, pas par inadvertance : « Bien sûr, dit-elle, on peut nuire ou

1. CICÉRON, « Des Devoirs III », *De la vieillesse, de l'amitié, des devoirs*, Paris, GF-Flammarion, 1967, pp. 200-201.

faire du mal à quelqu'un sans l'avoir voulu, mais ce n'est pas alors de la méchanceté. »

Allons plus loin : Peut-on être méchant par « bonté d'âme » ? Voici un père qui punit sévèrement son fils « pour son bien », lui dit-il. À l'évidence, il ne se voit pas, ne se vit pas comme un méchant ; il dit même à son enfant qu'il le remerciera plus tard de cette dureté d'aujourd'hui. Voici encore, tiré d'une actualité récente, cet homme dans la cinquantaine, architecte de son état, qui, ne pouvant plus faire face à ses créanciers, décide d'en finir avec la vie ; mais il ne veut pas que son épouse souffre de sa disparition qui la laisserait fort démunie. Alors, un soir – nous sommes le 20 septembre 2002 –, tandis qu'elle dort, il pointe le canon de son fusil sur la tempe de la malheureuse et fait feu. Il s'apprête à se donner la mort à son tour quand son fils l'en empêche. Sa femme, quant à elle, échappe à la mort, mais perd la vue. Le mari, poursuivi pour tentative d'assassinat, est renvoyé en cour d'assises : le tribunal l'acquitte. Revenons un instant sur les arguments de l'accusé. Ce dernier plaide alors la bonne foi : il dit n'avoir pas voulu tuer sa femme qu'il aime énormément, mais en finir avec la vie à cause de difficultés financières qu'il ne parvenait plus à surmonter ; la victime confirme l'amour qui l'unit à son mari, qu'elle a connu lorsqu'elle avait quinze ans et demi, et dit n'éprouver aucune rancœur à son égard. Un psychologue appelé à la barre à titre d'expert indique alors que, très dépressif, l'accusé était entré dans une logique de « suicide altruiste ». La cour d'assises du Nord suit cette analyse et, le 30 novembre 2004, condamne le « meurtrier » à cinq ans de prison avec sursis et mise à l'épreuve pour tentative d'assassinat sur la personne de son épouse. « L'amour est plus beau que le crime », dira l'avocat de la défense, expliquant que le geste de son client était celui d'un homme au bout du rouleau, rien d'autre. Résumons : l'intention de faire du mal n'étant pas avérée, la méchanceté n'est, ici, pas constituée.

Restons dans le domaine de la criminalité et évoquons une autre affaire, récente elle aussi : celle de cet adolescent de quatorze ans qui a tué, sans préméditation, père, mère, frères et sœurs, en raison, expliqua-t-il, du harcèlement dont il était victime de la part de sa mère. Méchanceté ? Nullement. Crime ? Sûrement, mais avec exonération de responsabilité s'il s'avère que le jeune homme était en état de démence au moment des faits.

Puisque l'intention guide la méchanceté, nous devons pouvoir faire état d'une méchanceté *en pensées*. Qui n'a jamais rêvé de l'échec d'un rival ou de la mort d'un proche se conduisant odieusement à notre égard ? Cette capacité à produire par l'imagination des fantasmes agressifs et à en éprouver du plaisir semble bien être le propre de l'homme. La romancière Amélie Nothomb évoque l'une des « méchantes » pensées qu'elle a eues, adolescente : « J'avais réussi à tuer un type de ma classe par la seule force de ma pensée. J'avais désiré sa mort une nuit entière et, au matin, la maîtresse effondrée nous avait annoncé le décès de cet élève[1]. »

Cette méchanceté s'appelle « jeter un sort », ce qui peut être fatal pour celui qui en est l'objet. Les Africains, dit-on, s'y connaissent en sorts. Ils seraient même parmi les meilleurs du monde. Dès que quelqu'un leur déplaît, ils s'empressent, souligne-t-on encore, d'essayer de lui nuire par toutes sortes d'artifices comme planter des aiguilles sur une poupée qui le représente.

Il n'est, somme toute, d'involontaire que la bonté peut-être : c'est l'évêque de Digne, chez Hugo[2], qui faisait parfois de grandes et nobles choses « sans même s'en douter ». Une

---

1. Amélie NOTHOMB, *Biographie de la faim*, Paris, Albin Michel, 2004, p. 135.
2. Victor HUGO, *Les Misérables*, *op. cit.*, p. 122.

bonté telle qu'elle lui faisait aimer les créatures les plus horribles, comme l'araignée « noire, velue ». Ce n'était chez lui, en somme, que « bonnes pensées, bonnes paroles, bonnes actions ».

La capacité ou le pouvoir de mal faire

Si le méchant peut être méchant, c'est bien qu'il en possède la capacité, qui confine à l'art, c'est-à-dire au raffinement quelquefois. Bazin, dans *Vipère au poing*, dit qu'il existe un « génie de la méchanceté ». Socrate, on s'en souvient, considère qu'un homme est « capable » d'une chose quand il peut la mener à bien au moment où il le veut. Suivant son raisonnement, l'homme le meilleur est donc celui qui peut faire le pire volontairement ; c'est en effet parce qu'il sait ce qu'est le bien que l'homme excellent se trouve dans les meilleures conditions pour le faire ou ne pas le faire. Cette idée, nous ne saurions cependant la partager puisqu'elle suppose que l'homme excellent est toujours capable du pire. Nous pouvons d'ailleurs nous demander si Socrate n'a pas conscience des lourdes conséquences de son propos quand il indique par la suite que l'homme est bon lorsque son âme est bonne et qu'un homme de bien ne saurait volontairement faire le mal.

Machiavel, qui s'y connaît en discours sur la méchanceté, donne à cet égard de précieux conseils à qui veut mal faire : « Le mal, écrit-il, doit se faire tout d'une fois : comme on a moins de temps pour y goûter, il offensera moins ; le bien doit se faire petit à petit, afin qu'on le savoure mieux[1]. »

Au nombre des capacités de *mal faire*, citons pour mémoire l'injustice, celle que l'on commet sciemment. Mais

---

1. Nicolas MACHIAVEL, *Le Prince*, Paris, Le Livre de poche, 1983, p. 48.

il existe aussi des capacités de *mal dire* : mentir, par exemple. Socrate disait que celui qui sait la vérité, mais dit le faux, le fait par méchanceté.

Comment reconnaît-on un méchant ?

Doit-on penser qu'un méchant présente des stigmates physiques, est doté d'un psychisme particulier ? Pour déterminer ce qui est bon et ce qui est méchant, nous pouvons, à la manière de Hegel, nous en tenir d'abord à l'expérience en général et, en premier lieu, à l'expérience *extérieure*. Mais là surgit la première difficulté, car l'expérience nous dit seulement ce qu'est une chose, non si elle est méchante. Nous pouvons aussi nous en remettre au jugement de la société qui nous dit ce, ou celui, qui est bon ou méchant. Mais c'est là une deuxième difficulté. Pour rapporter, en effet, quelles conduites sont bonnes ou méchantes, il faut disposer d'un critère objectif permettant de différencier le bon du méchant, ce qui est délicat, convenons-en. Aussi faut-il nous tourner vers l'expérience *intérieure* : « Par notre cœur ou sentiment, indique Hegel, nous jugeons que tel mode de conduite a quelque chose de bon ou de méchant[1]. » Mais comment ne pas voir que cette appréhension est totalement subjective, qu'elle est instable et changeante ?

Affreux, sales et méchants, on se souvient de ce très beau film d'Ettore Scola, qui reçut le grand prix de la mise en scène au festival de Cannes, en 1977. Les pauvres ici mis en scène sont effectivement des méchants – n'ont-ils pas formé le projet de se débarrasser du patriarche qui refuse de leur céder de son vivant un magot d'un million de lires, somme qu'il a perçue en réparation de la perte d'un œil brûlé par de la chaux vive ? Ces pauvres ne sont donc ni beaux, ni

1. G. W. Friedrich HEGEL, *op. cit.*, p. 21.

propres, ni gentils. Et comment pourrions-nous oublier Tatie Danielle, ce personnage du film d'Étienne Chatiliez, dont le physique ingrat n'a rien à envier à l'ingratitude morale !

À quoi reconnaît-on donc le méchant ? Existe-t-il quelques « signes extérieurs », pour parler comme Descartes, qui permettent de l'identifier ? A-t-il un corps particulier ? Vilaine figure ? Visage fermé ? Regard dur ? Porterait-il en somme quelque stigmate qui le trahirait au premier coup d'œil ? Y aurait-il finalement, pour reprendre le mot de Victor Hugo, « une beauté de la bonté », et donc, *a contrario*, « une laideur de la méchanceté » ? Le même Hugo, qui a dépeint une foule de méchants, signale « l'ombre qu'ils ont dans le regard, qui les dénonce. Rien qu'en les entendant dire un mot ou qu'en les voyant faire un geste on entrevoit de sombres secrets dans leur passé et de sombres mystères dans leur avenir[1] ».

Pour Descartes[2], qui brosse un tableau des passions humaines, il n'est pas douteux que les signes extérieurs permettant d'identifier le méchant existent, qu'il faut considérer « les actions des yeux et du visage, les changements de couleur, les tremblements, la langueur, la pâmoison, les rires, les larmes, les gémissements et les soupirs ». « Il n'y a, précise-t-il, aucune passion que quelque particulière action des yeux ne déclare, et cela est si manifeste en quelques-unes que même les valets les plus stupides peuvent remarquer, à l'œil de leur maître, s'il est fâché contre eux. »

Une jeune fille (16 ans), interrogée, le dit à sa manière : « On reconnaît la personne méchante à son attitude envers les autres et à la manière dont elle regarde les autres, au ton de sa voix. » Il existe d'ailleurs un art consistant à différencier des types d'individus d'après leur physionomie, c'est la physiognomonie, née au XVIIe siècle. Des noms comme Della Porta,

1. Victor HUGO, *Les Misérables*, *op. cit.*, p. 159.
2. René DESCARTES, *op. cit.*, p. 167.

Lavater, Gall vont incarner pendant longtemps ce courant de pensée qui trouvera des prolongements en criminologie ; citons ici le Français Hubert Lauvergne qui, en 1841, publie un livre dont le titre, *Les forçats considérés sous le rapport physiologique, moral et intellectuel, observés au bagne de Toulon*, est particulièrement significatif. Mais nous y reviendrons quand nous aborderons la théorie du *criminel-né*.

Pour l'instant, concentrons-nous sur la méchanceté. Faisons entrer un premier témoin : l'enfant. L'enfant sait beaucoup de choses au sujet de la méchanceté ; il sait très vite si son père est ou non fâché contre lui. S'il lui fait « les gros yeux », il l'est ; s'il a le regard doux, il ne l'est pas. C'est important, le regard. Un dénommé Magnus, en 1885, aurait prétendu qu'il existe un « langage de l'œil ». En tout cas, toutes sortes d'expressions sont associées au regard, comme « un regard noir », « un regard sombre » ; ne dit-on pas aussi « tuer du regard » ou « avoir le mauvais œil » ? Et puis le méchant n'a-t-il pas le regard « fuyant » ? Ne baisse-t-il pas la tête quand il s'adresse à vous ? Il y a également le plissement du front, qui, soudain, fait apparaître des sillons inexistants l'instant d'avant, et le pincement des lèvres. Victor Hugo[1] parle de la « bouche d'hyène » de la Thénardier, et raconte qu'il y avait chez le sinistre Javert « entre les deux yeux un froncement central permanent comme une étoile de colère » ; et d'ajouter que ce dernier avait « le regard obscur, la bouche pincée et redoutable, l'air du commandement féroce », et ailleurs, « le front anguleux et étroit, le regard funeste et le menton menaçant ». La méchanceté, ce serait encore le changement de couleur qui affecte soudainement le visage : la rougeur, plus ou moins prononcée, qui, indiquant souvent la timidité, peut également signifier la colère, voire la haine ; n'oublions pas, enfin, les tremblements, car

1. Victor HUGO, *Les Misérables*, *op. cit.*, pp. 176-177.

si l'on peut trembler de froid ou de peur, on peut aussi trembler de colère. Anne-Amélie, du haut de ses neuf ans, se révèle, pour le coup, très cartésienne dans son expression :

> *Une personne méchante, explique-t-elle en pensant plus particulièrement à un enfant de son école, on la reconnaît à son visage : ses yeux regardent tout le monde pour voir ce qui se passe et comment les embêter. En marchant, sa bouche se tord, de droite et de gauche, en même temps que son regard se tourne du côté inverse de la bouche. Il fait comme si de rien n'était, vient vers toi et après il te donne un coup de pied sans raison, ou t'insulte.*

Bien sûr, la mauvaise mine peut être passagère. Quand Jean Valjean quitte le bagne, après dix-neuf ans de détention, qu'on le retrouve errant dans la ville, il inspire l'inquiétude et l'on dit de lui qu'il a « une figure terrible ».

Notre second témoin ne sera ici qu'entraperçu, c'est naturellement le créateur de fictions. On se rappelle la formule de Gide : « On ne fait pas de la bonne littérature avec de bons sentiments. » C'est bien parce que le mal – et la méchanceté qui en est un puissant dérivé – nous fascine, et ce, sous les diverses formes qu'il prend, que nous nous délectons de toutes les violences que nous voyons, ici ou là : elles stimulent notre imagination. Revenons aux Thénardier des *Misérables*. Elle, tout d'abord. C'est une femme de quarante ans, nous dit Hugo, grande, blonde, rouge, grasse, charnue, carrée, énorme… Méchante, évidemment : « une grosse méchante femme ayant savouré des romans bêtes », écrit l'auteur[1]. Son mari est petit, maigre, blême, anguleux, osseux, chétif, il en veut à la terre entière de ses malheurs (il est endetté de 1 500 francs). Épouvantable, donc, selon le

---

1. *Ibid.*, p. 58, et p. 59 pour la citation suivante.

qualificatif d'Hugo. Ces deux personnages contrastent avec tous les gentils que l'on trouve dans le roman : le sénateur, ancien procureur qu'Hugo qualifie de « pas méchant homme du tout », l'évêque de Digne, surnommé Monseigneur Bienvenu, généreux homme, donnant aux pauvres et aux malades autant qu'il peut.

La méchante, en littérature, c'est encore la Folcoche de *Vipère au poing* d'Hervé Bazin, avec sa bouche serrée, son menton en galoche, qui faisait dire à son fils Frédie : « Dès qu'elle ouvre la bouche, j'ai l'impression de recevoir un coup de pied au cul[1]. »

Mais, on le pressent de plus en plus, la distinction physique entre bons et méchants n'est pas toujours aisée à établir. Le visage ne fait pas (toujours) le méchant : « Il y a des hommes, rappelle Descartes, qui font presque la même mine lorsqu'ils pleurent que les autres lorsqu'ils rient[2]. » Cicéron disait que sous une figure humaine peut se cacher une âme toute bestiale. Ainsi, le Thénardier que nous venons d'évoquer savait à l'évidence fort bien dissimuler sa méchanceté et sa ruse derrière un sourire de convenance et de la politesse avec (presque) tout le monde. Quant à Javert, il avait beau être un honnête homme au service de la loi, il y avait en lui, comme dit Hugo, « tout le mauvais du bon » ; son zèle à s'emparer de Valjean coûte que coûte le rendait hideux. Enfin la petite Jane Eyre, héroïne de Charlotte Brontë, ne disait-elle pas de l'apothicaire qui venait la soigner, car elle n'avait pas droit à un vrai médecin, que « son visage aux traits durs exprimait pourtant la bonté[3] » ?

---

1. Hervé BAZIN, *Vipère au poing*, Paris, Le Livre de poche, 1948, p. 28.
2. René DESCARTES, *op. cit.*, p. 168.
3. Charlotte BRONTË, *Jane Eyre*, Paris, Le Livre de poche, 1964, p. 39.

Sans doute peut-on regretter que la physionomie ne renseigne pas, dans tous les cas, sur l'homme méchant car, assurément, la méchanceté peut prendre le visage de l'ange, et, à l'évidence, le méchant peut avoir les traits de notre semblable, de notre frère :

> *Il serait trop facile, explique la maman d'Anne-Amélie, que quelqu'un de méchant ait toujours un caractère bourru et irascible, un œil sournois et la bouche tordue. Là encore, j'ai connu quelqu'un à l'apparence extrêmement débonnaire, professeur réputé très gentil, homme apparemment très bon et pacifique, et qui, en famille, faisait de perfides vacheries en douce. Donc, pas de profil type !*

Chantal (17 ans), qui est lycéenne à Paris, partage ce point de vue :

> *Sur quoi peut-on se baser pour attribuer à qui que ce soit le statut de méchant ? Sur des impressions liées à l'apparence ? Il arrive en effet que des individus donnent l'impression d'être méchants juste par leur apparence extérieure. Il peut s'agir d'un air maussade et peu enjoué, d'un visage aux traits durs et fermés, d'une démarche lourde ou saccadée, d'un regard sombre ou encore d'un langage un peu agressif. Mais, là encore, les préjugés peuvent jouer des tours, car il arrive maintes fois que l'extérieur ne corresponde pas avec l'intérieur des gens et que les « a priori méchants » s'avèrent être en fait de « vrais gentils ».*

Le dictateur le plus sanguinaire, lui-même, sait faire « bonne figure » : nous avons en mémoire le visage jovial de Joseph Staline, le « petit père des peuples », ainsi que la propagande soviétique l'appelait, ou bien encore les sourires d'Hitler posant pour la postérité à côté de sa maîtresse, Eva Braun, et de ses chiens.

Il n'y a vraiment que dans les contes et les dessins animés que l'on reconnaît le méchant du premier coup d'œil à partir de certains traits et attitudes spécifiques : un nez pointu ou rouge, le dos voûté, un sourire qui ressemble à une grimace… Un autre exemple me revient à l'esprit : celui du Dr Jekyll. Qui aurait pu imaginer que ce gentil docteur puisse en réalité être le méchant M. Hyde ? Personne, évidemment.

Bien difficile encore de distinguer chez le méchant un psychisme particulier. Le roman fait exception, naturellement ; lui, sait dresser des portraits de méchants, à la limite de la caricature quelquefois. Les hommes, les femmes, qu'il nous présente sont *foncièrement* méchants : cruels, dépravés, sanguinaires, injustes, sans pitié, sans remords, ou résolument bons, naturellement. Voici à nouveau la Thénardier[1], jurant comme un homme, affectée d'une vilaine barbe : « tout tremblait au son de sa voix, indique Hugo, les vitres, les meubles et les gens » ; et, bien sûr, la méchante femme rouait de coups la pauvre Cosette. Voici maintenant le Thénardier, qui, poursuit Hugo, « avait tout ce qu'il fallait pour être un scélérat. C'était, ajoute-t-il, un boutiquier dans lequel il y avait du monstre. Satan devait par moments s'accroupir dans quelque coin du bouge où [il] vivait et rêver devant ce chef-d'œuvre hideux ». Bien entendu, l'homme maltraite aussi la pauvre Cosette, mais autrement : il l'oblige, par exemple, à aller pieds nus l'hiver. Bref, les Thénardier font une excellente paire de méchants. « Cet homme et cette femme, conclut Hugo, c'était ruse et rage mariés ensemble, attelage hideux et terrible. » N'oublions pas cet autre méchant qu'est le policier Javert, que Charles Baudelaire, dans sa préface aux *Misérables*, qualifie de

1. Victor HUGO, *Les Misérables, op. cit.*, p. 387, ainsi que pp. 433, 389 et XII (préface) pour les trois citations suivantes.

« monstre incorrigible, affamé de justice comme la bête féroce l'est de chair sanglante ».

Mais, soulignons-le à nouveau, la distinction entre les bons et les méchants, où qu'on la situe (monde animal, contes, sociétés humaines), est très fragile. Si l'on connaît, par exemple, des sorcières gentilles et des géants protecteurs, l'on connaît aussi de méchantes fées à l'image de celle du conte de Grimm *Le Roi Grenouille*, qui change un jeune roi en une vilaine grenouille, ainsi que de mauvais princes, comme celui du conte d'Andersen, qui veut donner l'assaut au ciel et vaincre Dieu (ce prince-là sera puni et condamné à la folie), ou encore de mauvais rois, tel celui d'un autre conte de Grimm, *Le Diable et les trois cheveux d'or*.

On se souvient de cette dernière histoire. Un roi, ayant appris d'un couple de pauvres gens que leur nouveau-né « bien coiffé » (né sous le signe de la chance) épouserait sa fille quand il atteindrait sa quatorzième année, se fait remettre l'enfant et, l'ayant placé dans une petite boîte, le jette à la rivière, espérant qu'il s'y noiera. Mais un commis de moulin découvre la boîte et sauve l'enfant qu'il élève avec sa femme. Quelques années plus tard, le roi passant par là voit ce beau jeune homme dont il se fait conter l'histoire. Le roi reconnaît le nouveau-né ; moyennant le versement de quelques pièces d'or, il envoie le garçon porter un message à la reine, son épouse, avec mission pour celle-ci de tuer le jeune homme de suite après lecture du pli. Mais le garçon s'égare dans la forêt et trouve asile dans une maison de brigands. Ceux-ci découvrent la lettre et décident d'en changer le contenu, ordonnant à la reine qu'elle donne aussitôt en mariage sa fille au messager. Ce qui est fait. Quelque temps après, le roi rentre et, découvrant la supercherie, dit au jeune homme qu'il ne conservera sa fille qu'à la condition qu'il lui rapporte trois cheveux d'or prélevés sur la tête du diable. Après moult péripéties qu'il n'est pas utile de rapporter ici, le garçon obtient ce qu'il cherchait, avec de surcroît quatre ânes chargés d'or qui mirent le roi de bonne humeur.

Une chose est sûre, dans la définition de la méchanceté, nous écartons résolument le point de vue de la victime précisément parce qu'il est *point de vue*, pétri de subjectivité. Tout, en effet, peut à la limite être vécu comme « méchanceté » par la victime : une somme d'argent refusée, un service non rendu, un rendez-vous oublié, un mauvais regard... Considérons par conséquent qu'il ne lui appartient pas de dire si telle personne est ou non méchante du fait de son comportement (supposé) à son égard ; nous devons nous en tenir aux critères *objectifs* déjà indiqués. De la même manière, le point de vue de l'auteur de la méchanceté ne saurait suffire lui non plus à caractériser l'acte ou le propos dont celui-ci s'est rendu coupable ; autrement dit, il n'appartient pas davantage à l'auteur de dire si ce qu'il a fait était méchant ou non. En effet, se sentir méchant, ou bon, ne prouve nullement qu'on l'est réellement. Alfred Adler, le célèbre psychologue austro-américain, note à ce sujet que ce qu'un individu dit ou pense de lui-même est absolument sans importance, qu'il faut apprécier ses actes.

Évidemment, savoir sans ambiguïté ce qui est bien et ce qui est mal nous serait ici d'un grand secours. C'est à cette occasion que l'on peut en vouloir à Dieu de nous avoir retiré ce pouvoir de discernement. On le sait, Adam avait été averti : « Tu ne mangeras pas de l'arbre de la connaissance du bien et du mal, car, du jour où tu en mangeras, tu mourras certainement. » Catastrophe ! Grâce à cet arbre « magique », l'homme avait en effet tout le loisir d'être bon, et de n'être que bon. On peut donc considérer que notre Créateur s'est montré bien méchant en retirant à l'humanité toute sa bonté afin de punir Adam et Ève de leur désobéissance.

CHAPITRE 3

LES ORIGINES DE LA MÉCHANCETÉ

ENTRE NATURE ET CULTURE

L'expérience enseigne seulement qu'une chose est ainsi…,
mais non encore les fondements et le pourquoi…

HEGEL, *PROPÉDEUTIQUE PHILOSOPHIQUE*

Si nous disposons d'une expérience ou d'une connaissance de la méchanceté, nous en ignorons généralement les causes ; il nous faut donc à présent en rechercher « les fondements et le pourquoi », selon la formulation d'Hegel. Nous allons essayer ici de présenter sommairement les thèses en présence.

La méchanceté est-elle « naturelle » ?

Existe-t-il une constitution méchante ? Un caractère méchant ? Le *méchant-né* est-il parmi nous ? Est-on méchant de père en fils ?

On dit parfois d'une personne qu'elle a un « caractère méchant ». Ici, c'est le mot « caractère » qu'il faut d'abord interroger. Les psychologues, surtout ceux de l'avant-dernier siècle, usaient volontiers de ce vocable pour désigner une conduite ou un comportement individuel ; c'est ainsi que l'on a connu, tour à tour, l'enfant « difficile » ou « turbulent » – et, le pire de tous, l'enfant « caractériel ». Tous ces enfants, évidemment, étaient jugés comme ayant « mauvais caractère », à défaut d'avoir toujours un caractère méchant. Les sociologues eux-mêmes, à l'image de l'Américain David Riesman, ont employé ce terme et parlé de « caractère social » pour désigner les traits caractéristiques du citoyen moyen d'une nation donnée.

Mais d'où vient notre caractère ? Existe-t-il une « méchanceté innée de notre nature », comme le soutient Kant ? La méchanceté est-elle enracinée dans notre être ? Fait-elle partie de ces instincts profonds, primitifs, relevant de notre nature biologique, pour ainsi dire viscérale ? Je rappelle ici pour mémoire que l'instinct, tel que le définit encore Kant, exprime un besoin de faire quelque chose dont on n'a pas encore l'idée et de jouir de cette chose. L'homme est-il, selon les mots du même Kant, mauvais par nature du fait du péché originel ? Y a-t-il en somme un « instinct de méchanceté » comme il existerait un « instinct de bonté », ainsi que le nomme Victor Hugo ? Dans l'affirmative, la méchanceté doit-elle être considérée comme un fléau « naturel », de la même façon qu'un cyclone ou un raz de marée ?

Pour Freud, la méchanceté est un mal absolu, inhérent à la nature humaine ; elle en est, selon ses propres termes, un trait indestructible. À ses yeux, il existe une tendance native de l'homme à la méchanceté, à l'agression, à la destruction, et donc à la cruauté. Celui-ci tente de satisfaire son besoin d'agression aux dépens de son prochain, d'exploiter son travail sans dédommagement, de l'utiliser sexuellement sans son consentement, de s'approprier ses biens, de l'humilier, de lui infliger des souffrances, de le martyriser, de le tuer : c'est dire les multiples formes que peut revêtir la méchanceté humaine qui semble n'être jamais à court d'imagination. C'est bien ici retrouver la doctrine chrétienne : Dieu, pour se venger de la faute d'Adam et Ève, a rendu l'homme impur ; s'il y a donc du bon et du raisonnable en lui, il y a aussi de l'obscur, et, pour tout dire, du mauvais. D'où l'institution du baptême visant à purifier l'enfant du péché originel.

Est-ce la raison pour laquelle on s'est toujours efforcé, sinon de situer l'origine du caractère et du comportement dans le corps, à tout le moins de trouver des corrélations entre le corps, d'un côté, et le caractère et le comportement, de l'autre ? Déjà Hippocrate, dans sa théorie des comportements, faisait apparaître des correspondances entre certains aspects du fonctionnement de l'organisme et des particularités psychologiques. Ce point de vue, enrichi par les apports de médecins comme Celse, Galien ou Avicenne, et d'alchimistes, s'est maintenu pendant tout le Moyen Âge et durant la période classique. Descartes lui-même, dans son exposé sur les passions humaines, sur lequel nous aurons l'occasion de revenir, l'adopta à son tour.

Est-ce que l'on *naît* méchant ? « Ce garçon n'était pas méchant, mais bon, comme tous les enfants qui viennent au monde », disait Adler[1]. C'était déjà la position de Voltaire : « L'homme n'est point né méchant, écrivait-il dans son *Dictionnaire philosophique*[2] ; il le devient comme il devient malade. » Et d'ajouter que sur le milliard d'hommes de son temps, seul peut-être un sur mille pourrait être appelé méchant « et encore, ne l'est-il pas toujours ». Il y a pourtant un demi-siècle à peine, certains auteurs, comme le Dr André Berge, n'hésitaient pas à faire état de « méchancetés constitutionnelles et perverses », même s'ils ne consacraient que de maigres développements au thème général de la méchanceté.

Nous avons sondé un certain nombre de nos concitoyens, interrogé aussi quelques individus vivant dans d'autres pays

1. Alfred ADLER, *Psychologie de l'enfant difficile*, Paris, Petite bibliothèque Payot, 1952, p. 53.

2. VOLTAIRE, *Dictionnaire philosophique*, Paris, Classiques Garnier, 1954, p. 301.

européens, en particulier en Suisse et en Belgique. Les résultats sont convergents, concordants et… négatifs. NON, on ne naît pas méchant ! disent en chœur ceux que nous avons écoutés :

> *Non, je ne pense pas, à mon avis on le devient. Par exemple, selon l'enfance qu'on a eue, les gens qui nous ont éduqués, l'influence des amis. J'ai l'impression qu'il y a un bon million de paramètres qui entrent en compte. On est même parfois méchant en fonction de la situation.*
>
> Rodolphe (21 ans), étudiant en 1re année d'histoire, maths et sciences de l'éducation, Suisse.

> *Je crois qu'il n'y a personne de vraiment méchant dans le fond… à la naissance, je parle… Mais, oui, il y a des enfants méchants quand ils sont plus grands… j'en vois des racailles… Il y en a, tu te dis, ils sont méchants ; c'est horrible, tu sens la haine qui émane de leur corps ; je pense que c'est lié à leur famille, et peut-être à un problème d'intégration dans la société.*
>
> Jeune homme (16 ans), lycéen dans la région nantaise.

Certains témoins s'engagent alors dans un raisonnement de nature plus explicative :

> *Comme je ne crois pas qu'on puisse confondre la nature de l'acte avec celle de la personne qui le pose, a fortiori « naître » méchant n'a véritablement aucun sens. Par contre, on peut naître avec des failles psychologiques, physiques ou mentales qui pourront être un terrain favorable au développement de la méchanceté chez un individu donné. Un roman comme* La Bête humaine *montre bien comment des générations d'alcooliques peuvent engendrer des êtres brutaux incontrôlables. Mais je ne parlerai pas dans ce cas de méchanceté… On peut être une personne qui pose des actes méchants, même très habituellement, sans pour autant être méchant dans son être même. J'étends naturellement cette assertion à tous les actes répréhensibles : une personne*

qui vole n'est pas un voleur, ni celle qui commet un meurtre, un meurtrier.

Femme (38 ans), assistante médicale, Paris.

Le fait d'étiqueter une personne plutôt que son comportement n'est pas sans danger. Puisque nous pensons qu'il est difficile, voire impossible, de changer la personnalité profonde, cela reviendrait à dire qu'une personne méchante ne peut que le rester… à vie. Idée terrible !

Quel est l'avis de la science sur ce sujet ? Existe-t-il, par exemple, un « chromosome de la violence », qui permettrait de rendre compte de l'agressivité de l'homme ? La thèse, on le sait, a été soutenue, à la fin du XIXe siècle, par le criminologue italien Cesare Lombroso. L'idée du criminel-né faisait alors une brutale apparition. On ne croit plus beaucoup à cette hypothèse de nos jours. Mais n'est-il pas possible d'accréditer l'idée, voisine, du méchant-né ? De reconnaître quelque tendance innée à la méchanceté ? N'évoque-t-on pas, après tout, ici ou là, ces traits de famille qui semblent se reproduire de génération en génération ? Nous connaissons tous ces vieilles formules à propos du jeune enfant, « portrait craché de son père », « de sa mère », « de son grand-père », « de son oncle », de qui sais-je encore ! N'est-ce pas revenir de la sorte, dans le cas du mauvais portrait naturellement, à l'idée d'une méchanceté constitutionnelle, celle qui serait inscrite dans les gènes, contre laquelle il n'y aurait rien à faire ? N'est-ce pas en somme inscrire la méchanceté dans le patrimoine familial ? On ne sera donc pas surpris que des parents méchants puissent redouter de voir chez leur enfant ce vilain trait de personnalité, qui est le leur, tant il est vrai que même pour ces parents-là la méchanceté n'est pas toujours bonne à reconnaître.

Existe-t-il donc une hérédité de la méchanceté ? Autrement dit, est-on méchant de père en fils ou de mère en fille ? Observe-t-on, par exemple, un plus grand pourcentage de méchants dans certaines familles plutôt que dans d'autres ? Et lorsqu'une personne a été victime de violences et de méchancetés, encourt-elle plus de risques qu'une autre de faire montre elle-même, plus tard, de comportements méchants ?

Bien sûr, la famille Thénardier nous offre l'exemple d'une méchanceté qui se transmet : « La Thénardier était méchante pour Cosette, Éponine et Azelma [ses filles] furent méchantes. Les enfants, à cet âge, note Hugo, ne sont que des exemples de la mère. Le format est plus petit, voilà tout[1]. » La famille Rezeau, mise en scène par Bazin dans *Vipère au poing*, nous offre un second exemple illustrant le principe de *Telle mère, tel fils*, que nous pourrions transformer en *Telle mauvaise mère, tel mauvais fils*. Écoutons la confession de Brasse-Bouillon :

> Il n'est aucun sentiment, aucun trait de mon caractère ou de mon visage que je ne puisse retrouver en elle… le mépris des faibles, la méfiance envers la bonté… le goût de la bagarre… l'opiniâtreté, l'avarice, le culte de ma force et la force de mon culte. Salut, Folcoche ! Je suis bien ton fils si je ne suis pas ton enfant[2].

Et, songeant à son avenir, l'adolescent de conclure : « Je suis, je vis, j'attaque, je détruis… Merci ma mère ! je suis celui qui marche, une vipère au poing. » Pour Lucien, élève de 1re dans un lycée privé parisien, la chose est entendue :

> *Prenons les exemples suivants : il s'agit d'une petite fille née dans une famille monoparentale ; sa mère n'a jamais voulu avoir d'enfant, elle se retrouve contrainte d'éduquer seule sa*

1. Victor HUGO, *Les Misérables*, *op. cit.*, p. 161.
2. Hervé BAZIN, *op. cit.*, p. 233, et p. 252 pour la citation suivante.

> *fille. Cette dernière risque d'être maltraitée. Ailleurs, en revanche, un petit garçon vient de naître dans un foyer où il est chéri et aimé de ses parents et frères et sœurs. Quand nos deux personnages se rencontrent à l'école, la première aura certainement tendance à imiter sa mère et à être méchante, tandis que le garçon, lui, ne pourra que subir cette méchanceté.*

L'on ne saurait pourtant, en matière de méchanceté, parler d'un véritable *déterminisme*, nombre d'histoires de justice montrant qu'un enfant de brigand ne devient pas nécessairement brigand lui-même. Non, décidément, il est bien difficile d'accréditer l'idée d'un méchant-né. Primo Levi en est convaincu : les nazis eux-mêmes, Eichmann en particulier, « n'étaient pas des bourreaux-nés, ce n'était pas – sauf rares exceptions – des monstres, c'étaient des hommes quelconques[1] ». Notre question se transforme : pourquoi un homme ordinaire devient-il quelquefois un monstre ? Parce que, souligne Levi, il n'est pas un homme éclairé ; nous retrouvons là Platon évoquant la connaissance comme rempart contre le mal.

Le débat sur les origines de la méchanceté est complexe. La mise en évidence de l'origine chromosomique du mongolisme (trisomie 21) a pu jadis conduire certains observateurs à penser qu'un chromosome sexuel surnuméraire Y donnait la clé de compréhension de la violence. La découverte d'anomalies chromosomiques, apparemment plus fréquentes dans certains groupes de détenus, a, parallèlement, ravivé la vieille croyance en un criminel-né. On sait que c'est dans le syndrome de Klinefelter, dont la formule chromosomique comprend un chromosome X supplémentaire associé aux chromosomes XY de l'homme dit normal, que Court Brown, en 1962, avait noté une corrélation avec une

1. Primo LEVI, *Si c'est un homme*, Paris, Presses Pocket, 1990, p. 57.

fréquence inhabituelle de comportements antisociaux. Depuis ces premiers travaux, d'autres auteurs, comme Casey et Nielsen, ont trouvé, dans les institutions pour délinquants, une fréquence de ce syndrome cinq à dix fois plus élevée que dans la population générale. Mais on connaît mieux aujourd'hui les limites de la thèse de la délinquance constitutionnelle : il semble que les comportements délictueux soient plus en rapport avec certains sentiments, comme les sentiments d'insuffisance et d'infériorité, qu'avec des particularités morphologiques et physiologiques. D'une manière générale, l'on peut dire que l'existence d'un chromosome supplémentaire n'entraîne qu'une modification du niveau d'hyperréactivité émotionnelle, qui, de surcroît, ne se déclenche que sous l'effet de la conjonction de multiples facteurs, notamment environnementaux.

La science semble aujourd'hui partie sur une nouvelle piste. Certains biologistes affirment maintenant l'existence de gènes du comportement. N'aurait-on pas découvert, il y a peu, le « gène de l'autisme » ? Ainsi, Pierre Roubertoux estime-t-il que certains gènes affectent le fonctionnement cérébral et, par contrecoup, modulent les comportements. Mais, s'empresse d'ajouter l'auteur, il ne faut pas imaginer la relation entre le génotype et le cerveau, et entre le cerveau et le comportement, comme une relation linéaire. Tout est plus complexe. Par ailleurs, ce n'est pas un gène qui change tel ou tel comportement, mais un circuit de gènes.

En conclusion, et sans nier toute influence des anomalies chromosomiques sur le développement psychique, nous pouvons dire qu'il n'existe pas actuellement de données scientifiques suffisantes pour valider la thèse d'une méchanceté constitutionnelle. Précisons que, même si l'on peut quelquefois mettre en lumière un lien entre la survenue de comportements méchants et des dysfonctionnements organiques, par exemple des troubles hypophysaires dus à un retard du développement neurologique ou à une perturbation paranoïaque, cette hypothèse n'infirme pas notre conclusion.

Ce que nous enseigne la psychanalyse : la théorie des pulsions

La méchanceté est-elle alors l'expression d'une pulsion particulière, c'est-à-dire de quelque chose d'intérieur existant en nous mais qui nous échapperait, en quelque sorte ? Il nous faut ici faire retour sur la notion d'agressivité – qui est probablement au cœur de toute rencontre – que nous avons évoquée au début de ce travail. Méchanceté, agressivité : deux mots proches. Peut-on prendre l'un pour l'autre ? Il ne le semble pas, tout juste estimera-t-on leur coïncidence partielle et considérera-t-on la méchanceté comme la forme ou l'expression morale de l'agressivité. Voyons ce que Freud en dit.

On sait que c'est au terme d'un très long effort d'élaboration théorique que Freud a proposé de distinguer une *pulsion de vie*, Éros, et une *pulsion de mort*, Thanatos ; mettons provisoirement entre parenthèses la question de savoir si cette dernière pulsion sert de support ou de but à la méchanceté. Reprenons par le début. Dans sa première théorie des pulsions, qu'il présente en 1915 dans *Pulsions et destins des pulsions*, Freud lie l'agressivité aux vicissitudes de la libido, aux entraves que celle-ci rencontre sur le chemin de la satisfaction ; la haine lui apparaîtra un peu plus tard comme une conséquence des frustrations imposées par l'environnement familial, et non plus comme un instinct enraciné dans l'individu. C'est à partir de 1920, dans *Au-delà du principe de plaisir*, que Freud commence à étudier les pulsions de mort, soit Thanatos, et, ce faisant, à les opposer à Éros. Éros englobe ce qui relève des comportements vitaux, à la fois les pulsions sexuelles conservatrices de l'espèce et les pulsions d'autoconservation de l'individu ;

Thanatos, au contraire, se présente comme une force désorganisatrice et mortifère ; c'est sa partie tournée vers l'extérieur et unie à la sexualité que Freud nomme la « pulsion d'agression » ; quant à sa partie liée à la sexualité mais restant dans l'organisme, elle constitue le masochisme primaire. Si l'on suit la pensée de Freud, les pulsions de mort trouvent leur source dans une culpabilité profonde et inconsciente des individus et dans ce masochisme foncier, lequel est à la fois la cause et la conséquence d'un sentiment d'échec et d'infériorité. On évoque en réalité *deux* masochismes : un primaire et un secondaire, ce dernier résultant d'un retournement sur soi de l'agressivité dirigée initialement vers un objet extérieur, c'est-à-dire d'un retournement du sadisme.

Cette lecture de Freud permet de penser que l'homme vit toute frustration comme une menace et qu'il va s'efforcer, pour s'en défendre, de libérer ses pulsions agressives, contre autrui généralement. Cela lui permet effectivement, tout en conjurant sa propre angoisse, de se prémunir d'une tension à venir qui serait encore plus grande et dont l'intensité lui serait proprement insupportable.

Les psychanalystes modernes restent divisés sur l'origine de la pulsion agressive ; pour les uns, elle serait liée à des schèmes innés ; pour les autres, elle résulterait des frustrations suscitées par le comportement maternel. Frustré, dès l'enfance, de ses désirs vis-à-vis de sa mère, l'homme projetterait cette frustration sur sa famille puis sur la société. Tous les psychanalystes, en revanche, insistent sur l'inévitabilité de cette pulsion et sur l'ambivalence affective (amour/haine) qui caractérise chacun de nous – ambivalence qui se trouverait à l'origine du conflit intrapsychique. En résumé, il existerait en chaque être humain, en même temps que des pulsions de vie destinées à conserver et à régénérer l'espèce, des pulsions de mort et d'agressivité. Les actions antagonistes, quoique intimement liées, d'Éros et de Thanatos seraient nécessaires au processus de vie.

Reposons à présent la question du lien éventuel entre cette pulsion de mort et la méchanceté. Il faut se garder de vouloir absolument expliquer cette dernière par le seul impact des pulsions de mort. Si la méchanceté peut s'expliquer par la terreur due à des impulsions, à des angoisses, à des défenses qui existent en chacun de nous, il serait dangereux de la réduire à la seule théorie des pulsions, ce qui vouerait fatalement l'homme à la violence, hors de toute liberté. Il faut tenir compte de beaucoup d'autres facteurs sur lesquels, nous le verrons, l'être humain peut agir s'il veut espérer un jour se débarrasser de sa « mauvaise » conduite.

L'apprentissage de la méchanceté : des conditions familiales et sociales prédisposantes

C'est tout un environnement qui favorise la méchanceté, telles des maltraitances familiales ou des mauvaises fréquentations. Ce sont aussi certains événements douloureux, comme la mort d'un proche que l'on ne parvient pas à surmonter.

Prenons un premier exemple tiré de la littérature : Jean Rezeau, alias Brasse-Bouillon, le héros de *Vipère au poing*, dit avoir été très sage entre quatre et huit ans ; il se considérait même comme un saint. Cette époque correspond au bon temps de son éducation par sa grand-mère. Et puis, un jour, sa grand-mère meurt. C'en est fini pour le petit Jean d'une vie normale : ses parents reviennent de Chine, où ils étaient installés, pour s'occuper de leur progéniture et de la propriété familiale. À la gare, où toute la maisonnée vient accueillir les Rezeau, Jean fait la connaissance de sa mère ; le contact est tout sauf chaleureux, l'enfant reçoit sa première gifle, son premier coup de pied. L'enfer peut commencer. C'est sûr, Folcoche n'aime pas ses enfants. Qu'y a-t-il donc de surprenant qu'elle veuille pour eux une éducation « forte » ? Bien entendu, les mesures désagréables qu'elle prend à leur encontre, elle les proclame dans leur strict intérêt : si elle condamne les poêles dans leurs chambres, c'est pour ne pas les retrouver asphyxiés un beau matin, si elle interdit les oreillers, c'est pour qu'ils n'aient pas le dos rond… Nous connaissons bien la vieille rengaine de « l'intérêt de l'enfant » ! Elle nous permet de mettre à distance l'idée d'une méchanceté gratuite, dépourvue de fondements et de raisons. Folcoche, d'ailleurs, habille sa méchanceté : « Elle se gardait bien, écrit Bazin, de la vengeance gratuite, conservait la forme, mettait en avant tous les prétextes chrétiens, légaux et sociaux, bref, étayait sa sévérité sur une béquille de justice[1]. » Dès lors, Jean et ses frères apprennent la haine, si bien que lorsque leur mère tombe malade, ils souhaitent sa disparition.

Deuxième exemple : Jean Valjean. Voilà un homme du peuple, honnête travailleur (il est émondeur), qui a la malchance de perdre ses parents très jeune. Homme de devoir, il décide aussitôt d'élever les sept enfants de sa sœur aînée. Lourde tâche. Il a beau travailler dur, il peine à joindre les deux bouts. Un jour qu'il est totalement sans ouvrage, il dérobe un pain, mais se fait prendre. Il est condamné pour « vol avec effraction la nuit dans une maison habitée » et envoyé au bagne pour cinq années ; il en fait dix-neuf en raison de plusieurs tentatives d'évasion qui, toutes, échouent. Qui est exactement Valjean ? Quel est son caractère ? Hugo nous le présente comme un être pensif, un peu bourru certes, mais terriblement affectueux et généreux. Bref, comme dit l'auteur, il n'était pas d'une « nature mauvaise ». Mais l'emprisonnement modifie rapidement cette nature et assombrit le caractère. Valjean ne nie pas sa faute,

1. Hervé BAZIN, *op. cit.*, p. 161.

ne rejette pas sa culpabilité, mais il trouve la peine exagérée en regard du délit commis. Et puis, il en veut à cette société qui lui a toujours fait du mal, et l'a laissé sans travail ; il décide de n'avoir plus que « haine » à son égard. Pour fortifier son sentiment, il apprend à lire, à écrire et à compter, se disant qu'avec l'intelligence la haine n'en sera que mieux assurée. Hugo note alors que Valjean « sentit qu'il devenait méchant ». Voici donc un homme bon qui se transforme en un être « méchant », sous le poids insoutenable de circonstances particulières. Hugo, dans une page magistrale, pose habilement les termes de la problématique. La nature humaine se transforme-t-elle ainsi de fond en comble ? L'homme créé bon par Dieu peut-il être fait méchant par l'homme ? L'âme peut-elle être refaite tout d'une pièce par la destinée et devenir mauvaise comme la destinée sait l'être ? Le cœur peut-il se faire difforme et contracter des laideurs et des infirmités incurables sous la pression d'un malheur disproportionné, comme la colonne vertébrale sous une voûte trop basse ? Autant de questions que pose l'écrivain[1]. La réponse ne tarde pas. Non, l'homme ne perd pas « l'élément divin » qui est en lui, l'étincelle du bien brille toujours, « que le mal ne peut jamais entièrement éteindre ». Valjean souffre donc et hait, mais sans savoir au juste ce qu'il éprouve vraiment. Sans doute n'était-il pas assez instruit pour avoir « l'intention méchante » !

Dernier exemple : la petite Jane Eyre, héroïne du roman de Charlotte Brontë. Sa tante, la sinistre Mme Reed, ne l'aime pas, elle la trouve sournoise, fourbe. Alors, bien sûr, l'enfant, qui a du caractère, se révolte et devient méchante à l'occasion. Pour ne plus l'être et quitter la funeste maison, elle obtient d'aller en pension. Nous y reviendrons.

1. Victor HUGO, *Les Misérables*, *op. cit.*, p. 94.

La vie réelle offre de nombreux exemples de méchancetés *réactionnelles* à un environnement familial dégradé. Ainsi, une étude irlandaise réalisée à la fin des années soixante auprès d'une population de dix-sept meurtriers a-t-elle montré que tous avaient souffert d'un rejet familial manifeste. Il est clair qu'un climat haineux fait de disputes favorise le mécanisme de reproduction de la méchanceté – sans le rendre inéluctable pour autant, naturellement.

De l'enfant « mauvaise graine » à l'enfant tyran et de quelques méchancetés entre parents et enfants, professeurs et élèves, patrons et employés

« Méchant », « gentil », « bon », « mauvais », les parents aiment ce vocabulaire. Un enfant, de leur point de vue, est soit gentil, soit méchant ; soit bon, soit mauvais ; autrefois, ils disaient plutôt « difficile », « turbulent » ou « terrible ». L'enfant ne serait-il jamais en même temps un peu gentil et un peu méchant ? Nous connaissons tous l'expression « un bon petit diable », et naturellement, nous savons que le diable en question n'est pas toujours un « mauvais garçon », qu'il n'est quelquefois qu'un farceur, un taquin, qui veut se faire remarquer. « Méchant enfant », c'est d'abord celui que la mère (ou le père) nomme ainsi parce qu'elle n'est pas satisfaite de sa conduite, d'où les autres qualificatifs de « capricieux », « velléitaire », « égoïste ». La méchanceté, dit-on en ce cas, est un « vilain défaut » – vilain ? Comme c'est curieux ! Existerait il de beaux défauts ? !

L'enfant est-il vraiment méchant ? Autrement dit, fait-il *volontairement* (le) mal, ou bien agit-il sous l'effet de quelque « force obscure » ? La maman, dont l'enfant vient de rouer de coups un petit camarade, a tôt fait de dire qu'« il ne savait pas ce qu'il faisait en faisant ce qu'il a fait ».

Deux thèses sont ici en présence. Présentons-les sommairement. Pour la psychanalyse, et Freud en particulier, nous l'avons vu, il y a de la méchanceté dans l'enfant (Freud ne donne cependant jamais de précision d'âge) ; l'enfant rêve même de tuer son père, ajoute Freud qui dit avoir lui-même éprouvé ce désir à l'égard de son propre père. Pour les psychanalystes, en effet, la méchanceté, que l'auteur de *L'Homme aux loups* appelle d'ailleurs plutôt la haine, l'enfant la découvre quand il se rend compte que sa mère n'est pas lui et n'est donc pas à sa disposition. Freud, quant à lui, parle d'*excorporation* ; l'excorporé englobe tout ce qui est extérieur, notamment l'étranger, et, d'une manière générale, le mauvais. L'enfant est donc un être haineux, et pis encore, un pervers *polymorphe* ; c'en est ici fini de la thèse rousseauiste de l'innocence infantile.

Dans les premiers temps du christianisme, on jugea pareillement que l'enfant est méchant, d'où la coutume de le baptiser. Une secte, nous raconte Voltaire dans son *Dictionnaire philosophique*, tuait même les enfants nouvellement baptisés, les membres de cette secte prétendant faire le plus grand bien à ces jeunes êtres en les empêchant d'être méchants et malheureux dans cette vie et en leur donnant la vie éternelle. Pour une certaine philosophie, au contraire – nous pensons ici à Hegel –, les enfants ne sauraient être véritablement méchants ; les conduites méchantes ne les concerneraient pas « parce qu'ils n'ont aucune représentation de pareilles conduites[1] » ; ils n'ont pas le discernement suffisant pour savoir si une conduite est bonne ou méchante. Dans le même ordre d'idées, Hugo, dans *Les Misérables*, nous dit que tant que l'homme est un enfant, Dieu veut qu'il soit innocent. Les psychologues confirment cette analyse. Ils nous rappellent que si, vers trois ans, l'enfant acquiert la conscience de soi par l'appropriation de son corps, l'exercice de la volonté et la distinction du mien

1. G. W. Friedrich HEGEL, *op. cit.*, p. 38.

et du tien, ce n'est que vers sept ans qu'il acquiert la conscience morale, celle du bien et du mal, et devient capable de distinguer bonnes et mauvaises conduites ; jusque-là, pour l'enfant, est bien ce qui est permis et mal ce qui est défendu.

Nous pensons, en conséquence, que l'âge de raison, soit environ six ou sept ans, qui départage l'enfant sans discernement de l'enfant doué de discernement, doit être pris en compte. Seul un enfant de cet âge a réellement la capacité d'être méchant. Le tout petit enfant, jusqu'à cinq, six, sept ans, ignore bien *pourquoi* il fait ce qu'il fait ; tout ce qu'il sait, c'est qu'il a été « contraint » de se conduire comme il l'a fait. L'enfant de cet âge ne se pense pas encore d'une façon rationnelle ; chez lui, dit Bettelheim, l'action remplace la compréhension ; ou, pour dire les choses autrement : il ne donne pas de sens à son action. Ce qui manque le plus à cet enfant, en somme, c'est la conscience. Pas plus en effet que le tout-petit n'a conscience d'être mortel, il n'a conscience d'être méchant ; son expression « Je ne l'ai pas fait exprès », après la commission de quelque mauvaise action, en témoigne bien si nous en doutions encore.

Méchant « pas pour de vrai », l'enfant aime cette expression. Jouer à se battre est l'un de ses jeux favoris, encore qu'aujourd'hui il fasse, semble-t-il, de moins en moins semblant. Les petits des hommes ressemblent en effet de plus en plus aux jeunes animaux qui, tels les jeunes singes ou les chiens, mordent « pour de vrai » afin de montrer qu'ils sont les plus forts, les dominants. Ce sont d'ailleurs les petits mâles, tant chez les animaux que chez les humains, qui se battent le plus, et surtout entre eux.

L'enfant qui est à l'âge du discernement n'est pas seulement méchant envers les humains, il l'est aussi envers les animaux qu'il peut aller jusqu'à torturer ; on se souvient de la première scène de *Vipère au poing*, quand le jeune Brasse-Bouillon tue la vipère en lui serrant progressivement la tête jusqu'à l'étouffer. Rodolphe nous parle, lui, de ces grenouilles que l'on projette contre les pierres. L'enfant s'attaque d'ordinaire, et de préférence, aux petits animaux, comme les mouches et les fourmis. Adler raconte l'histoire de cet enfant qui, certains jours, cherchait soigneusement des mouches et des cafards sur les fenêtres pour les écraser, et, d'autres jours, faisait rouler des vers de terre entre ses doigts jusqu'à les réduire en bouillie. Par cet acte, l'enfant montre sa puissance, nous dit le psychologue. Empruntons un dernier exemple à Émilie, que nous avons déjà citée :

> *Vers sept ou huit ans, j'ai le souvenir de m'être acharnée sur les araignées. À cette époque, j'en avais un peu peur et j'ai dû ressentir le besoin de les dominer. J'avais donc décidé de faire une expérience scientifique en enfermant toutes les araignées que je trouvais dans une boîte de Cotons-Tiges. Je les laissais plusieurs jours sans manger, et quand je trouvais une mouche morte, je la mettais dans la boîte et j'attendais. Jusqu'au jour où une araignée noire mangea les autres. Voyant que cette expérience avait mal fini, j'ai décidé de faire une expérience* in vivo. *Une grande araignée à pattes fines est passée un jour dans la cuisine alors que je faisais de la peinture… À quatre pattes par terre, je l'observe, la bouscule avec un crayon et décide de lui couper une patte… pour voir… Et puis la toute-puissance m'envahit, je commence à prendre un malin plaisir à dominer cette bête. Comme une sorte de Dieu ou de géant, je m'autorise sans scrupule à torturer l'animal. Je finirai par lui avoir coupé toutes les pattes et l'avoir peinte à la gouache violette.*

L'enfant raisonnable, au sens de doué de raison, est méchant de diverses manières. Méchant par *imitation*. On le sait, l'enfant est le premier des imitateurs, il imite tout ce qu'il voit, tout ce qu'il entend. C'est pourquoi, s'il y a de la méchanceté dans ce qu'il voit et entend, il aura tendance à se comporter lui aussi méchamment : il pense qu'il est « bien » d'être méchant puisque telle grande personne se conduit elle-même méchamment. Il imite même ses parents, pensant leur être agréable, pour se rapprocher d'eux, en être aimé. Que conclure ? Que cette méchanceté de l'enfant, commise par ignorance, n'est pas une véritable méchanceté puisqu'il y manque la véritable intention de faire mal.

Méchant sur *ordre*. L'enfant est parfois encouragé, voire invité, par ses propres parents à se conduire méchamment. Il peut aussi se savoir couvert par eux. Le père, par exemple, à qui son fils vient de révéler qu'il a corrigé un autre enfant qui l'avait « traité » (insulté), lui répondra volontiers qu'il a bien fait, qu'il faut savoir se faire respecter. La conduite méchante est ici assimilée à un acte de virilité. C'est en tout cas une conduite réellement méchante, car l'intentionnalité est acquise de la part de l'enfant.

Méchant par *douleur* ? L'enfant peut-il être méchant parce qu'il est malade et qu'il souffre énormément ? Voici une mère qui prend la température de son enfant, le thermomètre dépasse les 39 °C. L'enfant est agité, nerveux, agressif ; il casse tous les objets qu'on lui présente : assiette, verre, il s'en prend même à ses propres jouets. Le médecin appelé à son chevet diagnostique une vilaine bronchite qui insécurise l'enfant et déclenche sa violence. Gentil d'ordinaire, l'enfant a momentanément le « caractère » méchant. L'est-il pour autant ? Sans doute la douleur lui a-t-elle fait perdre sa lucidité, l'entraînant vers quelque action qu'il ne maîtrise pas. Cependant, agissant « malgré lui », l'enfant échappe à la méchanceté.

C'est surtout entre deux et quatre ans que l'enfant se montre particulièrement agressif (le terme méchant étant ici, nous l'avons dit, inapproprié), aussi bien envers sa famille qu'envers ses camarades de classe. L'école semble devenue à cet égard un véritable théâtre de l'agressivité. Nous avons en mémoire l'histoire de cette fillette de trois ans violemment frappée par deux autres élèves de son école, un garçon et une fille, tous deux âgés de cinq ans. C'était à Altkirch, dans le Haut-Rhin, en octobre 2004. Les photos réalisées par les parents de l'écolière montraient de nombreuses ecchymoses au visage et sur le corps, ainsi que plusieurs griffes profondes et une morsure à la main droite. Un mois plus tard, l'enfant se sentait toujours en situation d'insécurité, surtout dans la cour de récréation où s'était produite l'agression. Au dire même de sa mère, « elle avait fini par croire que c'était elle "la méchante" ; elle culpabilisait ».

Le choc psychologique peut s'exprimer de façon très explicite. Pensons ainsi à la fillette qui reproduit sur ses poupées ce qu'elle a elle-même subi, leur faisant en particulier des griffures au visage. Fait exceptionnel ? Il ne semble pas. En 2004, environ 4500 actes violents ont été dénombrés, en France, en maternelle et en primaire, soit une augmentation de 5 % par rapport à l'année précédente. Viennent en tête les insultes et menaces graves (32,5 %) ainsi que les violences physiques sans arme (25,4 %) ; elles sont suivies par les vols ou tentatives de vol (8,7 %), les dommages aux locaux (5 %) et les violences physiques à caractère sexuel (4,7 %). Les autres faits graves (non précisés) représentent 6,8 %. Au dire des enseignants, principalement à l'approche des fêtes de fin d'année, les élèves se montrent particulièrement irritables et agressifs, notamment dans la cour de récréation. Leur degré de tolérance est très faible. Une jeune institutrice raconte :

> *J'ai deux petits gamins de quatre ans très difficiles. Ils s'expriment mal, vivent des situations familiales affolantes, alors ils compensent, ils existent en insultant, en griffant leurs camarades… La semaine dernière, l'un d'eux s'en est pris à une autre élève, il a voulu la mordre. Sans raison particulière, ce qui est encore plus grave.*

Mais il faut ici redire avec force qu'avant l'âge de raison, atteint vers sept ans, si l'on peut parler d'agressivité et de comportement violent, on ne peut parler de méchanceté telle que précédemment définie, qui suppose un vouloir, une intention, une préméditation.

Ces réserves étant faites, l'on peut admettre que l'enfant-tyran est un enfant méchant, évidemment, et même le plus méchant d'entre tous puisqu'il abuse de ses parents, les maltraite, physiquement ou moralement. C'est l'enfant qui « pousse à bout », parce que, comme dit Albert Ciccone, psychologue, il cherche sans doute ce qui est « au bout », c'est-à-dire l'adulte, la mère aimante.

Les enfants méchants ayant atteint l'âge de raison sont des enfants qui peuvent avoir du chagrin parce qu'ils sont séparés de leur mère et lui en veulent de cette séparation ; aussi, parfois, pour se venger, ils ne lui adressent plus la parole pendant quelque temps. Il peut aussi s'agir d'enfants qui n'ont pas confiance en eux, qui se sentent, à tort ou à raison, rejetés et qui, finalement, ne croient plus en rien. Avec la méchanceté, ces enfants-là s'exposent à la punition qu'il leur arrive même de rechercher, à la fois pour soulager le sentiment de culpabilité qu'ils éprouvent parce qu'ils ont été méchants, et pour attirer l'attention des autres sur leur souffrance, qui est considérable. Souvent les parents ne comprennent pas cette souffrance et, à cette méchanceté enfantine, répliquent par leur propre méchanceté qui, en retour, réactive la méchanceté de l'enfant, et ainsi de suite ; c'est en quelque sorte un « dialogue des méchancetés » qui se met en place. Or, comme le suggère Bruno Bettelheim, il faut au contraire donner un sens à la vie de ces enfants « méchants », mettre un peu de cohérence dans le tumulte de leurs sentiments, leur révéler les sentiments positifs qu'ils éprouvent au fond d'eux-mêmes.

Les parents, eux aussi, peuvent être méchants. Dans la littérature, la mère l'est aussi souvent que le père. Mais ils peuvent l'être, comme les enfants, « pas pour de vrai » ; ils font juste semblant, pour se faire obéir ; c'est la méchanceté feinte, la gronderie tendre, ou la « menace pour rire », selon les mots de Freud. On connaît les formules des mères pour obtenir un peu de discipline de la part de leurs rejetons : « Si tu n'es pas sage, je vais te dévorer. » Ou bien : « Si tu ne te tiens pas tranquille, le loup va venir te manger. » Quand j'étais petit, si je n'étais pas sage (ce n'était pas très souvent le cas), l'on me disait que l'on me taillerait « les oreilles en pointe ». Je pensais aussitôt qu'une opération comme celle-là, dont je n'imaginais pas qu'elle pût se faire sous anesthésie, devait être terriblement douloureuse.

Considérons d'abord le père. Si l'on suit le schéma freudien, tout père est un méchant, parce que c'est un pervers, « le mien y compris », avouait Freud lui-même[1]. Tous les adultes, en réalité, dit-il, sont des séducteurs, surtout les domestiques et les précepteurs. Freud reconnaît ici avoir ressenti des désirs œdipiens pour sa fille aînée. Il est vrai qu'il fut des époques où les pères se montraient effectivement particulièrement brutaux ; ils frappaient leurs enfants, les punissaient lourdement. Ceux-ci, aigris, devenaient méchants à leur tour, se révoltant contre la puissance paternelle. Ils cherchaient ainsi à se venger des mauvais traitements subis.

Considérons à présent la mère. Selon Mélanie Klein, dans le fantasme de l'enfant, la mère se dédouble en « bonne » mère nourricière et en « mauvaise » mère sadique. Le fantasme de la mère cruelle est observable dans l'organisation œdipienne de la fille, quand la rivalité dans laquelle celle-ci entre pour séduire le père lui fait craindre la vengeance de sa mère. Ainsi en est-il de Blanche-Neige victime de la jalousie de sa marâtre.

La méchanceté des parents à l'égard de leurs enfants se manifeste à l'occasion de toutes sortes de circonstances quotidiennes, par des propos blessants notamment. C'est, par exemple, à l'annonce d'une mauvaise note, un propos du genre : « Décidément, mon pauvre garçon, tu seras toujours aussi nul ! », parole qui fuse comme une balle meurtrière. Le parent méchant, c'est

---

1. Sigmund FREUD, lettre à Wilhelm Fliess, février 1897, citée par Jacques BÉNESTEAU, *Mensonges freudiens*, Bruxelles, Pierre Mardaga, 2002, p. 32.

encore celui qui, par fatigue ou désespoir, finit par dire à son enfant : « Je vais me tuer, tu seras bien avancé après », ou « Tu auras ma mort sur ta conscience ».

Le monde réel nous offre nombre d'histoires de pères et de mères méchants. Monique (40 ans), qui exerce la profession de libraire, nous parle de sa mère qui a toujours été excessivement méchante à son égard :

> *Ma mère est un personnage à la fois charmant et pervers, à l'écoute et manipulatrice... Mais comme tout enfant, je l'aimais à la folie. Je crois que j'ai tout entendu d'elle, bien plus qu'on ne devrait supporter. J'ai toujours courbé le dos. Il y avait d'abord mon physique. Trop brune, trop ronde, « grosse » selon ses dires, trop « clown », trop d'ambition... Avec du recul, je pense que j'avais une personnalité qui l'inquiétait. Il fallait donc me casser.*
> *Le premier coup en dehors des attaques personnelles : mes études. Je voulais être prof de français. Bonne élève, sage, disciplinée, j'ai appris très tôt à ne pas me manifester. BEPC, passage seconde littéraire. Pas question ! Ma mère n'avait pas fait d'études, il n'y avait aucune raison pour que j'en fasse. Là, l'expression « le ciel vous tombe sur la tête » prend tout son sens. Mon père, gravement malade, ne pouvait plus intervenir. Je me suis retrouvée, par hasard et pour suivre une amie qui connaissait sa voie : libraire.*
> *Deuxième attaque : mon mari. Je le rencontre à dix-huit ans. Je l'aime tout de suite, c'est comme je sais le définir aujourd'hui : mon autre. Il est calme, réservé, observateur, analyste. Ma mère le redoute. Du coup, il est « trop grand » (sic !), « trop beau », « trop renfermé ». Non seulement il va me tromper rapidement, « Tu t'es vue par rapport à lui ! », me lance-t-elle, mais je vais vite m'ennuyer, prédit-elle. Je ne dis rien, je garde le doute. Huit mois plus tard, nous partons vivre ensemble. Ma mère perd mon contrôle et le lui fera payer...*
> *Troisième attaque : mes enfants. Mon premier fils arrive pour mes vingt et un ans. C'est une très grande joie. Un sentiment animal, presque trop fort. Olivier est ma fierté, ma plus*

grande réussite, le deuxième amour de ma vie. Là encore, je ne fais rien de bien. Je ne me défends pas trop. À la naissance de mon second fils, j'explose. C'est un bébé très facile qui glisse dans notre vie sans difficulté. Cet enfant m'apaise, me fait me sentir une bonne mère… Mon troisième grand amour…
Je largue les amarres, j'entreprends une psychothérapie pour enfin comprendre pourquoi moi, vilaine fille, je n'adhère plus, je ne comprends plus, je me sens tellement différente. Avec humilité et sur plusieurs années (on ne déprogramme pas vingt-cinq ou trente ans en quinze jours), je me suis fait aider (par moments), j'ai repris une année de cours de psycho, j'ai lu (beaucoup) et vers quarante ans j'ai commencé à me sentir vraiment en accord avec moi-même. J'ose penser que je suis juste quelqu'un de bien.
Analyse de ma mère : j'ai aimé la petite fille que j'ai mise au monde, je ne supporte pas la femme que tu es devenue…

Le parent méchant, père ou mère, diabolise son enfant, le bat ou l'humilie pour un oui ou pour un non. Il dit que cet enfant se ferait tuer plutôt que de céder, qu'un enfant pareil « on n'en fera jamais rien ». Nous connaissons tous, ou avons connu, des parents qui croient être de bons éducateurs parce qu'ils traquent jusqu'au plus profond du cœur de leur enfant ce qu'ils nomment des « noirceurs » ou des défauts. Nous connaissons tous ces parents qui n'ont de cesse de médire, sinon de maudire, leurs rejetons – rejeton… rejet, le chemin est linéaire.

Les époux, bien sûr, peuvent également être méchants entre eux. On connaît aujourd'hui l'importance des violences conjugales : une femme sur dix est concernée en France. Les violences sont à la fois physiques et psychologiques. Marie-France Hirigoyen, qui a travaillé sur cette délicate question, décrit la façon progressive dont la violence conjugale se met en place. Au départ, indique-t-elle, il y a une phase de séduction : l'homme se met en avant et la femme doit être fière de lui. Les femmes entrent dans ce jeu-là du fait de leur vieux rêve de prince charmant. Apparaissent ensuite des micro-violences verbales : « T'as vu la tête que t'as ? », des réticences, des silences (on boude sans raison), des haussements d'épaules, des moues méprisantes… Insidieusement, la femme perd confiance en elle-même, se culpabilise. C'est une entreprise de fragilisation, un lavage de cerveau qui peut durer des années. Les coups peuvent arriver très vite ou ne jamais être donnés.

La scène de ménage retiendra ici notre attention. Elle est le moment fort de l'expression de la méchanceté. Quand elle est répétée, obéissant à une sorte de rituel, elle produit de la « méchanceté d'habitude », du « coup pour coup ». Car la scène de ménage est faite pour faire mal. Il n'est d'ailleurs pas rare que les protagonistes y soient, tour à tour, victimes et bourreaux. La scène de ménage s'autoalimente en paroles, en gestes, en silences, elle ne néglige rien. C'est à celle des parties qui sera la plus méprisante, la plus calomnieuse, la plus méchante en somme. Au fil du temps, les petites mesquineries deviennent ainsi de vraies « saloperies » qui se transforment en violence conjugale dès lors qu'il s'agit, par tous les moyens, de dominer l'autre. Ce qui se dit, ce qui se fait, semble n'avoir aucune limite. La perte de contrôle de soi paraît la visée première. Il s'agit, de toutes les façons, de blesser l'autre, de le rendre irrémédiablement coupable. La scène de ménage atteint ainsi toujours un paroxysme. Puis reflue la parole, s'apaise le corps, la vie quotidienne reprend un cours apparemment normal – jusqu'à la fois prochaine…

Les raisons de la scène de ménage sont multiples : infidélité, désaccords sérieux sur la gestion de l'argent du couple, la manière d'élever les enfants ou les projets d'avenir… Mais de plus petits motifs peuvent conduire à l'affrontement, comme la façon de tenir maison ou l'organisation des soirées ou des vacances. Didier Anzieu, dans un article consacré à cette question, dresse une liste de reproches qui entrent en jeu dans une scène de ménage. Rappelons-les :

Tu n'es jamais là ;
Tu m'empêches de disposer de toi à ma guise ;
Tu me fais perdre tout sens à la vie ;
Tu ne supportes pas que j'aie besoin de toi ; ou, inversement, tu prends trop de place ;
Tu ne me comprends pas, tu ne sais pas me deviner ; tu ne me parles pas de toi, tu ne me parles pas de moi ;
Tu es différent de moi ; tu as encore oublié ma fête ou mon anniversaire ;
Tu ne me protèges plus du monde extérieur, ni des autres[1].

Évidemment les différences de goûts et de caractères, quand elles sont trop marquées, peuvent également déboucher sur des conduites méchantes auxquelles la scène de ménage, une fois encore, offre un cadre d'expression privilégié.

Venons-en à l'école. Il y a encore, quoique peu, de méchants maîtres. Ceux d'autrefois, on le sait, l'étaient beaucoup. Mais on disait plutôt, à l'époque, qu'ils étaient « sévères ». Personnellement, je crois qu'ils étaient plus que ça ; ils frappaient leurs élèves, de la main ou avec toutes sortes d'objets, ils les humiliaient profondément, voire les insultaient. J'ai connu moi-même de « méchants profs » au cours de mon enfance et de mon adolescence ; je me souviens d'un en particulier ; c'était en 3e, il enseignait les mathématiques. C'était un homme plutôt jeune, grand et sec, les cheveux en brosse, dont j'ai parlé avant dans un autre livre[2]. D'allure sévère, il en imposait par sa prestance. Colérique, il intimidait les plus forts d'entre les élèves et effrayait les autres. C'était de ceux-ci dont je faisais partie, qu'il interrogeait évidemment méchamment.

---

1. Didier ANZIEU, « La scène de ménage », dans J.B. PONTALIS (dir.), *L'Amour de la haine*, Paris, Gallimard, 2001, p. 323.
2. Michel FIZE, *Le Cabinet*, Paris, Arléa, 2001.

Il y a aussi de méchants élèves, mais l'Éducation nationale, qui a son vocabulaire à elle, préfère parler de « mauvais élèves ». Ces élèves sont, d'abord, ceux qui ont de « mauvaises notes » ou qui sont « indisciplinés », « violents » ; ces élèves, en somme, sont ceux qui ont des comportements inappropriés. Elle ne connaît pas, ou feint de ne pas connaître, les élèves « méchants ». Puisqu'elle pense de la sorte, elle ne connaît pas davantage les élèves « gentils » : elle préfère parler de « bons élèves », ceux qui ont de « bonnes notes », ou d'élèves qui « se tiennent bien », c'est-à-dire les élèves qui respectent les règlements, ne se bagarrent pas entre eux.

Abordons l'entreprise et les méchants patrons – je vous laisse ici le soin de juger s'il s'agit ou non d'un pléonasme ! Autrement dit, y a-t-il de gentils patrons ? Certains d'entre eux, animés d'un vibrant sentiment d'autosatisfaction, se disent tels. Quelques-uns finissent même par se croire à la tête d'entreprises « citoyennes ». La main sur le cœur, ils affirment qu'ils sont attentifs à la situation de leurs salariés, qu'ils ont le « caractère social » ; bien sûr, cette affirmation dérape un peu lorsque sont mis en place des plans sociaux qui n'ont généralement rien de vraiment social.

Mais raisonnons un peu. À quoi sert le patron ? Que veut-il exactement ? Profiter, évidemment, ce que l'on peut entendre dans beaucoup de sens : gagner de l'argent, mais aussi abuser de ceux qui l'aident à en gagner. Je vous le demande : est-ce que l'on peut être gentil quand on veut gagner de l'argent, et plutôt beaucoup, pour faire bonne figure sur le marché ? Est-ce que l'on est gentil quand on distribue des salaires de misère ou de la précarité à tout-va, ou que l'on impose des cadences infernales ? Est-ce que l'on est gentil quand on profite de son statut de chef pour importuner les plus petits, ce qui s'appelle de plus en plus du harcèlement sexuel ou moral ? On sait qu'aujourd'hui ledit harcèlement est un comportement reconnu, dénoncé et condamné par la loi, mais encore faut-il qu'il soit porté à la connaissance des autorités judiciaires.

Y a-t-il de méchants salariés ? Pour le patron, oui, bien entendu. À ses yeux, le méchant employé est, par exemple, celui qui n'a pas la « culture de l'entreprise », qui ne pense qu'à lui, qui se met en grève quand il n'est pas satisfait ou qui demande une augmentation de salaire – jugée trop forte, évidemment ; c'est encore le syndicaliste qui n'a de cesse de contrarier les objectifs patronaux.

Toute institution, en vérité, est susceptible d'abriter des méchancetés : l'armée, par exemple. Depuis quelques années, les cas de harcèlement moral visant de jeunes soldates se multiplient. Mais le silence continuant de régner au sein de « la Grande Muette », on n'en connaît pas précisément l'importance. Peu de jeunes filles soumises aux brimades et aux insultes de leurs « frères d'armes » osent briser la loi du silence. De nombreux cas sont ainsi réglés en interne, car on dissuade les victimes de porter plainte ; elles savent en effet qu'elles risquent de perdre leur emploi pour « inadaptation à la vie militaire », tandis que les fautifs se verront simplement mutés pour étouffer le scandale. Il semble néanmoins que le phénomène s'amplifie, pour au moins deux raisons, toutes deux de nature arithmétique : l'augmentation du nombre de femmes soldates, d'une part ; leur proportion dans l'effectif des armées est passée de 5 %, en 1996, à environ 13 % aujourd'hui ; l'augmentation du nombre de plaintes, par imitation, d'autre part ; on sait en effet qu'un dépôt de plainte entraîne immédiatement d'autres dépôts devant les instances militaires. On peut expliquer ces attitudes de harcèlement moral, voire sexuel, par la nature du milieu incriminé, qui reste très masculin, sinon machiste. En l'état des choses, les plaintes devant les tribunaux civils demeurent rarissimes.

Plus l'on monte dans l'échelle des mammifères, plus l'explication des comportements agressifs et méchants est délicate. On se trouve en réalité devant un phénomène particulièrement complexe dans lequel mécanismes cérébraux et environnement social s'influencent mutuellement. Ce sont probablement les combinaisons de ces multiples facteurs, internes, externes, présents mais aussi passés et mémorisés, qui sont à l'origine des conduites méchantes. À cela il faut ajouter que ces facteurs sont souvent étroitement imbriqués : l'environnement, l'éducation, les motivations, mais aussi les possibilités de l'individu et, pourquoi pas, dans une certaine mesure, les gènes. Sans doute faut-il, de façon générale, prendre en compte trois paramètres : les mécanismes nerveux qui sous-tendent l'acte méchant, les facteurs individuels (contexte social et histoire du sujet) et les raisons de l'apparition de l'acte méchant à un moment donné de la vie de la personne. Ainsi voit-on certains hommes, ballottés par les événements, bousculés par les contradictions, acquérir progressivement une personnalité méchante sans l'avoir souhaité ni pouvoir complètement l'assumer. On se rappelle, dans le film de Louis Malle, Lacombe Lucien, jeune homme fruste, qui, par un certain hasard des circonstances, associé peut-être, il est vrai, à un goût de la domination, va, durant l'Occupation, prendre fait et cause pour la milice, n'ayant de cesse, dès lors, de multiplier les actes de méchanceté – y compris envers ses proches.

Évidemment, comme le souligne Konrad Lorenz, il est bien difficile, face à un comportement donné, de faire la part des désirs instinctifs, soit l'innéité, et de l'imprégnation culturelle par la conscience morale – et plus difficile encore de prévoir les comportements eux-mêmes. Mais ce qui importe, après tout, n'est-ce pas de montrer les différents visages de la méchanceté au fil des âges de l'existence individuelle, et des époques ? À défaut de pouvoir cerner le processus de la méchanceté avec exactitude, n'importe-t-il pas de dégager les motivations les plus immédiates, qui sont peut-être aussi les plus essentielles ?

CHAPITRE 4

LA GALERIE DES MÉCHANTS

ENTRE GESTE ET JUSTIFICATION

Je crois bien qu'elle est méchante !

Étienne CHATILIEZ, *TATIE DANIELLE*

On le sait, tous les hommes ne sont pas égaux devant la méchanceté, il en est que l'on considère comme plus méchants que d'autres. Abordons cette question.

Des idées reçues tenaces : les hommes, les petits, les Noirs, les pauvres, les vieux, tous méchants !

C'est l'homme, dit-on, le méchant, pas la femme. Nietzsche est l'un des rares à penser le contraire. Si l'on dit cela, c'est parce que c'est lui, l'homme, qui est traditionnellement chargé des fonctions de mort et de guerre, tandis que la femme, elle, est « la donneuse de vie », ce qui est censé la rendre bonne et paisible. « La cruauté ne sied point à la femme dont les plus jolis attributs sont la tendresse et la douceur », disait en 1936 un certain Voronoff, médecin de son état. Sornettes ! La méchanceté des femmes n'a souvent rien à envier à celle des hommes ; elle est différente, sait se faire pernicieuse, subtile ; le thème de la femme empoisonneuse inonde d'ailleurs une certaine littérature criminologique.

On se tourne également vers les petits de taille et l'on dit : « Non ! Ce sont eux, les méchants. » Bonaparte, qui était petit, n'a-t-il pas mis l'Europe à feu et à sang pour satisfaire ses ambitions ? Mais l'on trouve aussitôt des petits gentils – au cinéma, par exemple : Tom Cruise et Brad Pitt aujourd'hui, Alan Ladd hier. « Non, non, les méchants, dit-on alors, ce sont les Noirs. » Et n'essaie-t-on pas de nous le faire accroire en installant les plus robustes d'entre eux à l'entrée des discothèques ou dans les allées de nos moyennes et grandes surfaces commerciales ?

Ajoutons à cette galerie des « suspects de méchanceté », les pauvres. Pendant des siècles, les pauvres ont eu « mauvaise réputation ». Ces gueux ou ces vilains, comme on les nommait alors, ne pouvaient que se mal conduire. Et, du reste, ils se comportaient mal parfois, comme on s'y attendait, se faisant volontiers voleurs, voire criminels. On connaît la suite : une répression sans pitié pour ces malfaisants troublant l'ordre social et la tranquillité des honnêtes gens. Les pauvres, « affreux, sales et méchants », selon la formule d'Ettore Scola, ou « bêtes et méchants », pour parler comme *Charlie hebdo*, ne pouvaient être que méchants. Victor Hugo nous a confortés dans cette perception ; on se rappelle les Thénardier et leur clique dans *Les Misérables*, de même que les mécréants des bas-fonds londoniens dans *L'Opéra de quat'sous* de Brecht. Plus près de nous, l'on peut songer aux pauvres de Scola, déracinés du Sud italien, des Pouilles et de Sicile, échoués dans les bidonvilles romains, qui nous confortent de nouveau dans nos mauvaises impressions quant aux mœurs des gens du peuple. La méchanceté serait-elle fille naturelle de la misère ? On sait les réserves avec lesquelles la critique accueillit le film de Scola. Comment, se demanda-t-on, un homme de gauche avait-il pu se montrer à ce point sévère envers les gens du peuple en les peignant de la sorte ?

Autres boucs émissaires : les boucs émissaires « secondaires ». Les vieux, par exemple. On les dit acariâtres, grincheux, méchants. Nous avons en mémoire la fameuse Tatie Danielle qui présente tous ces traits de caractère, mais nous connaissons également tous de ces personnes âgées qui, n'ayant plus de goût pour rien, consacrent leur temps au dénigrement et à la médisance. Voyons ce qu'Erik Orsenna nous dit des vieilles personnes :

> Rien de plus hypocrite que ces animaux-là. Tout miel avec nous, les enfants, caresses et areu, areu quand les parents les regardent. Mais, dès qu'ils ont le dos tourné, elles se vengent de notre jeunesse, elles nous pincent de leurs doigts décharnés de sorcière, nous piquent de leurs aiguilles à tricoter ou, pire supplice, nous embrassent à tout bout de champ pour nous punir de sentir si bon et d'avoir la peau si douce[1].

Bref, répétons-le, l'on est toujours le méchant de quelqu'un : Israël pour les Palestiniens ; les Palestiniens pour l'État hébreu ; et que dire des « terroristes » de Ben Laden, incarnation du mal pour George Bush ? Ou des Américains, terribles « infidèles » pour les hommes de l'Islam ?

Les boucs émissaires de la méchanceté font souvent l'objet de mauvaises blagues, d'histoires qui se veulent drôles. De ce point de vue, les Juifs et les Noirs sont les plus visés. Les premiers seraient méchants à cause de l'argent qu'ils convoiteraient tout le temps, les seconds parce qu'ils auraient des mœurs barbares (ils seraient d'impitoyables « sauvages »).

Les différents types de méchants

Nous l'avons vu, il n'existe pas de méchanceté *absolue* qui ferait de telle ou telle personne un individu foncièrement

---

1. Erik ORSENNA, *La grammaire est une chanson douce*, Paris, Stock, 2001, p. 61.

mauvais, un *méchant-né*, en somme, mais il existe des états pathologiques graves ; dans ces cas, cependant, comme l'enfant souffrant, l'individu n'ayant pas la conscience du mal qu'il fait, sa violence ne saurait être assimilée à de la méchanceté.

Les raisons de la méchanceté sont innombrables, ce qui permet d'envisager toute une série de méchants, ou, plus précisément, de comportements méchants. L'on peut même penser, à cet égard, qu'il est plus facile d'être méchant que bon, chacun s'efforçant en effet de prendre l'ascendant sur autrui, ce qui passe souvent par la satisfaction de la tendance méchante. Classons donc tous ces « méchants », sachant que tout classement est arbitraire, artificiel ; celui qui est présenté dans les pages suivantes n'échappe pas à cette règle ; il est imparfait, incomplet sans doute, critiquable par conséquent. Mettons à part les méchants « malgré eux », qui ne sont donc pas, selon notre hypothèse, des méchants véritables. On le sait, les psychopathes – s'ils n'arrivent pas à satisfaire leurs pulsions –, les névrosés, les alcooliques et les toxicomanes – s'ils n'ont pas leur dose régulière – peuvent devenir agressifs et violents, et quelquefois même des « fous furieux » qui, au paroxysme d'une crise aiguë, vont briser tout ce qu'ils trouvent, frapper aveuglément tous ceux qui leur font face. N'oublions pas également les pervers. Méchants encore « malgré eux », donc pas méchants, certains grands criminels qui expliquent parfois à leurs juges, à l'image du célèbre M. le Maudit, mis en scène par le cinéaste Fritz Lang, qu'ils ne pouvaient pas agir autrement. Les mélancoliques, quant à eux, retournent eux aussi parfois leur violence contre eux-mêmes, tout comme les masochistes. Mais, soulignons-le une dernière fois, si tous ces méchants malgré eux ne sont pas des méchants, c'est parce qu'ils n'ont pas conscience de ce qu'ils font ; ils sont et demeurent fous ou criminels et doivent être traités en conséquence.

Encore un mot sur les méchants « contre eux-mêmes », depuis ceux qui s'automutilent jusqu'aux masochistes pervers. Une seringue dans le bras, cet « en-trop » dans le corps est bien une méchanceté faite à soi, motivée par une quête de plaisir qui procure quelquefois une jouissance extrême. Ces « automéchants » n'hésitent pas à supplicier leur corps, voire à meurtrir leurs parties intimes. Le masochiste retourne ainsi son agressivité contre lui-même parce qu'il ne parvient pas à juguler une angoisse qui empoisonne littéralement sa vie ; nous pourrions illustrer cela par le phénomène « jackass », soit les actes d'automutilation auxquels certains adolescents se livrent, en public et parfois même sur scène, ce dont nous avons longuement traité dans un livre précédent[1]. Le sportif, lui aussi, face à une exigence de réussite, peut avoir la tentation de transformer son corps en « machine à gagner » ; on sait l'importance du dopage dans les pratiques sportives contemporaines. Mais la méchanceté « contre soi », elle aussi, n'est méchanceté que si la personne la commet par choix conscient et délibéré.

« Je suis des fois méchant » : la méchanceté occasionnelle

La méchanceté occasionnelle, commise dans un mouvement d'humeur, ne semble pas *a priori* présenter la même gravité que la méchanceté méditée, calculée, qui est très souvent répétitive. Cette méchanceté, impulsive, vient troubler un temps la raison, elle se présente comme un « affect » passager. Le méchant occasionnel peut avoir « bon caractère », mais, dans certaines circonstances, sous le coup d'une forte émotion, en général la colère, entrer, à son insu ou non,

1. Michel FIZE, *Les Interdits*, Paris, Les Presses de la Renaissance, 2004.

dans la peau d'un vrai méchant. Comme l'explique Pierre-André, qui est en seconde dans un collège francilien, cette méchanceté dure « un court intervalle ». « La semaine dernière, poursuit-il, l'une de mes amies a parlé à un camarade en lui disant qu'elle ne l'aimait pas. Sur le moment, elle a été méchante dans ses propos. »

Quand la circonstance, ou l'occasion, qui avait fait naître la méchanceté disparaît, l'individu, un instant hors de lui, retrouve son caractère habituel. Dans ce cas, la méchanceté n'aura été qu'une vilaine parenthèse. Évidemment, si elle se répète, elle peut se transformer en un comportement ordinaire. Or, le problème avec la méchanceté, c'est qu'elle peut rapidement devenir une habitude, et une habitude plaisante – d'où la difficulté de s'en débarrasser.

Ajoutons que l'on peut également devenir méchant après avoir subi un choc, comme nous allons le voir avec l'exemple d'un meurtrier méchant.

« Bête et méchant » : la méchanceté par sottise ? sans raison ? par peur ?

On connaît l'expression « bête et méchant ». Diderot disait que la méchanceté est plus souvent alliée de la sottise que de l'esprit. On se souvient aussi de cette phrase de Zola évoquant les protagonistes du coup d'État de Louis-Napoléon : « De la cruauté lâche luisait dans de la bêtise. » Peut-on donc être méchant par sottise et manque de réflexion, par ignorance ? Et même sans raison, juste « comme ça », pour voir ce que cela fait ?

On le sait, les actes humains visent quelquefois tout simplement à satisfaire un besoin de jeu ; or, celui-ci n'est pas toujours doux et pacifique ; il peut revêtir un caractère destructeur : il y a des jeux méchants, par exemple le jeu du foulard dans les cours de récréation de nos enfants.

Il y a, plus encore, des gens dont la principale préoccupation semble être de faire du mal ; ces gens-là disent que la méchanceté, ça leur fait du bien, qu'ensuite ils se sentent soulagés ; ils semblent éprouver une sorte de détente liée à l'expression de la pulsion agressive, pour employer le langage freudien. Des exemples ? Écoutons Zola. La jeune Miette, dans *La Fortune des Rougon*, doit faire face, au début de l'histoire, à une foule en colère, qui lui rappelle que son père, alors au bagne, est un meurtrier et un voleur ; il s'agit du dénommé Chantegreil qui, à la chasse, avait tué un gendarme d'un coup de fusil. Cette dernière accusation, raconte Zola, exaspérait la jeune fille : « On le savait, et c'est pourquoi la foule lui jetait souvent cette accusation à la face, par *méchanceté bête*[1]. » Dans le même roman, Antoine Macquard, à force d'en vouloir à la société entière, en était arrivé à un haut degré de « sottise méchante ». Par haine pour les Rougon, et en particulier pour son demi-frère, Pierre, il était devenu un « républicain féroce ».

On peut aussi être méchant par peur des autres. Dans ce cas, comme l'indique une adolescente, « la méchanceté est un bouclier… c'est le seul sentiment qu'on soit capable d'exprimer ». On pourrait parler ici d'un « trouble de l'identité ». Sartre a dit que le méchant est celui qui a besoin de la souffrance des autres pour se sentir exister.

« C'est pour ton bien ! » : la méchanceté par altruisme

Certaines personnes sont méchantes « dans l'intérêt » du destinataire de la méchanceté – c'est du moins ce qu'elles disent pour expliquer leur méchanceté. Lorsque ces personnes

1. Émile ZOLA, *La Fortune des Rougon*, Paris, Le Livre de poche, 1957, p. 48. Nos italiques.

punissent un enfant, par exemple, elles affirment que c'est pour son bien futur ; elles pensent que c'est en étant « dures » avec lui qu'elles forgent son caractère. C'en est presque, à leurs yeux, un devoir moral, un service personnel. Elles se croient, sans aucun doute, animées d'une bonne intention. Les parents sont très forts à ce jeu de la méchanceté altruiste ! Appliquant sans réserve la maxime *Qui aime bien châtie bien*, ils frappent généreusement leurs rejetons, souvent comme ils ont été frappés eux-mêmes quand ils étaient enfants. Le méchant par altruisme (ou par devoir) attend même de la reconnaissance pour sa méchanceté. Il dit, toujours à sa victime, qu'elle le remerciera plus tard, qu'« il faut souffrir pour être fort ». Il dit toutes ces choses-là, qui ne convainquent guère les victimes ; la plupart de celles-ci préféreraient de la gentillesse. La psychanalyse nous enseigne qu'en réalité, par de tels comportements, ce genre de méchant ne cherche qu'à satisfaire des besoins personnels à caractère sadique. On ne s'étonne donc pas que, contrairement à ce qu'il affirme, sa méchanceté se révèle peu, ou pas, profitable pour ses victimes – particulièrement quand il s'agit d'enfants qu'elle aurait plutôt tendance à rendre méchants à leur tour, en tout cas pas gentils du tout…

« Je ne m'en mêle pas ! » : la méchanceté par passivité

Ne pas s'opposer, quand on le peut, à une méchanceté commise par d'autres, est-ce se montrer méchant ? Si l'on considère que celui qui s'attaque à autrui s'attaque en réalité à la société entière, il faut, semble-t-il, répondre par l'affirmative. Qui reste passif en présence de la méchanceté et n'y fait pas obstacle se rend donc coupable de la même faute que son auteur.

On refuse de s'opposer à la commission d'un acte méchant, ou de s'interposer entre auteur et victime, pour de multiples raisons. Parce qu'on ne veut pas se faire d'ennemis ou devenir impopulaire (surtout si l'on est populaire), parce que l'on craint soi-même d'être pris pour cible de la méchanceté. À l'inverse, il arrive que l'on devienne activement méchant pour se faire accepter par un groupe populaire. On peut donc se retrouver en situation de complicité avec la méchanceté.

« Je suis méchant par précaution » : les méchants préventifs

Par crainte de subir soi-même une méchanceté, sous l'effet de la peur en somme, il peut arriver que l'on anticipe et que l'on commence par être méchant soi-même. C'est la méchanceté comme moyen de mettre autrui hors d'état de nuire, moyen de prévenir des dommages éventuels ou une méchanceté à venir.

Voici cette femme qui sait que son mari va la quitter pour une femme plus jeune qu'elle ; ne le supportant pas, elle fait courir de vilaines et fausses rumeurs sur celle-ci. Bien entendu, le fait qu'elle paraisse fondée ne rend pas la méchanceté préventive plus juste pour autant ; et même si elle n'excède pas ce qui est nécessaire pour parer à la méchanceté anticipée, si elle essaie de garder une mesure dans la riposte, elle demeure une méchanceté.

« Ce ne sont que des bêtes ! » : les méchants contre les animaux

Nous avons déjà eu l'occasion de parler de cette méchanceté et, notamment, de cet enfant, *L'Homme aux loups*, qui prenait un malin plaisir à exercer sa cruauté sur de petits animaux. Nous en avons donné plusieurs exemples, ajoutons-y celui du dépeçage des chenilles.

Les enfants et les jeunes adolescents s'y entendent, on le sait, dans ce type de méchancetés ; c'en est presque un jeu pour eux. On se souvient du jeune John Reed, le fils de la tante de Jane Eyre, héroïne du roman de Charlotte Brontë, qui, à quatorze ans, tordait volontiers le cou aux pigeons, tuait les petits paons et lançait ses chiens sur les moutons apeurés. Mais, nous l'avons dit, nous ne saurions parler de méchanceté que pour l'enfant qui a atteint l'âge de raison, c'est-à-dire qui a la conscience de ce qu'il fait. Cet enfant-là se montre méchant de différentes façons : il ôte leurs ailes aux mouches – le plus grand raffinement étant de n'en ôter qu'une pour voir ce que cela fait à la mouche ; puis il les asphyxie, verre retourné sur elles. J'ai aussi connu, il n'y a pas longtemps, un autre genre de distraction chez un garçon méchant que j'appellerai ici Thomas. Ce garçon de quatorze ans, qui n'était pourtant pas perturbé mentalement, n'avait pas trouvé de meilleure idée que d'ouvrir le ventre d'une petite souris blanche qu'on lui avait donnée – une opération qu'il avait pratiquée à vif sur l'animal. De mon temps, on faisait ça aux grenouilles, mais c'était en classe, et l'animal avait trépassé depuis belle lurette. Le professeur nous apprenait que cet exercice s'appelle une dissection et que celle-ci se pratique pour la bonne cause des sciences naturelles.

Il faudrait encore parler de l'hypocrite, dont Victor Hugo disait qu'il est « le méchant complet » au sens où il est animé par les deux pôles de la perversité : « Il est d'un côté prêtre, et de l'autre courtisane. Son sexe de démon est double. L'hypocrite est l'épouvantable hermaphrodite du mal. Il se féconde seul[1]. »

Les « très grands méchants » : Satan et autres criminels

Le plus méchant que nous connaissions, c'est le diable. Nous lui donnons différents noms qui traduisent sans doute

1. Victor HUGO, *Les Travailleurs de la mer*, *op. cit.*, p. 334.

son omniprésence : Lucifer, Belzébuth sont les plus connus. Le diable, on le reconnaît facilement, il a vilaine figure, il porte des cornes affreuses… Mais, heureusement, il n'existe pas ! On sait bien qu'il est une invention destinée à faire peur aux enfants. Il semble que la méchanceté soit incarnée tout entière dans ce personnage qui n'a de cesse de commettre de mauvaises actions ou d'en faire commettre par d'autres aussi mal intentionnés que lui. C'est pourquoi Satan est tentateur, manipulateur, dénonciateur, ruseur et menteur. Pour ce méchant, qui veut résolument parvenir à ses fins, tous les moyens sont « bons ».

Le très grand méchant, c'est encore le savant fou à l'image de Victor Frankenstein qui avait créé un être monstrueux pour le soumettre et le dominer ; c'est précisément la démesure de ce projet qui fait de lui un authentique très grand méchant. C'est aussi le comte Dracula. C'est évidemment le tyran, parce qu'il ne connaît pas de limite à son pouvoir : c'est Néron incendiant Rome, l'empereur Constantin étouffant sa femme dans son bain, égorgeant son fils, tuant son beau-père, son beau-frère et son neveu, c'est Louis XIV prenant en traître le Palatinat, le régent George tuant lentement Napoléon, le tsar Nicolas assassinant la Pologne à la face de la civilisation. C'est enfin le grand criminel de droit commun : à l'écran, Hannibal Lecter du *Silence des agneaux*, par exemple, ou, dans la vie réelle, Landru ou Jack l'éventreur. Ce sont enfin des criminels plus ordinaires, qui n'en sont pas moins des criminels : tous ces petits fonctionnaires zélés du régime nazi, les « kapos » des camps de concentration qui frappaient les prisonniers avec une particulière sauvagerie, frappaient pour faire mal, sur le nez, sur le cou, se souvient Primo Levi.

Qu'en est-il du meurtrier qui tue à cause d'une souffrance intérieure trop intense ? Une affaire récente permet de comprendre ce cas de figure. C'est l'histoire de Martial Bally, cinquante-cinq ans. Depuis cinq ans, la maladie le ronge ; il en veut à tout le monde. Au corps médical tout d'abord, qu'il rend responsable de ses maux. Souffrant de diabète, dialysé trois fois par semaine, atteint par ailleurs d'un cancer en phase terminale, cet ancien ouvrier cimentier est en congé de longue maladie. Il pense que la récente intervention chirurgicale qu'il a subie (une greffe du rein – qui a échoué) est la cause de l'aggravation de son état et à l'origine de son cancer. Mais cet homme en veut aussi à sa famille qu'il soupçonne d'intriguer pour le déposséder de ses biens, voire de vouloir sa mort. Depuis l'aggravation de sa santé, l'homme est manifestement devenu plus agressif – au moins verbalement – envers tout son entourage. Pour ces raisons, un soir (nous sommes en janvier 2005), Martial Bally décide d'en finir et de tuer toute sa famille. Il assassine ainsi, tour à tour, son épouse, sa belle-mère et son fils ; sa belle-fille et ses deux enfants échappent de justesse à la mort. Drame de la méchanceté ? Pas sûr. L'intention consciente de faire du mal est effectivement à l'œuvre. S'il s'avère toutefois qu'il y a folie, sans effacer le crime, celle-ci rendrait la méchanceté involontaire. Nous devrions alors conclure qu'il n'y a pas eu véritable méchanceté.

« Je ne sais pas pourquoi je suis aussi méchant » : le méchant malheureux

On se souvient ici du point de vue de Platon : le méchant est nécessairement malheureux. Ce type de méchant, la jeune génération nous l'a maintes fois signalé ; c'est celui qui a un problème, souvent de nature physique, qui est atteint de quelque disgrâce. Alors le disgracieux, qui est mal dans sa peau, se venge sur autrui. Ce méchant n'a pas une grande estime de soi, il éprouve même un complexe d'infériorité. Il peine à nouer des relations sociales.

Un fort sentiment d'injustice, l'impression de ne pas avoir de perspectives d'avenir, ou simplement la mauvaise humeur peuvent aussi faire naître la méchanceté. Ainsi que le souligne ce jeune homme de seize ans, « la méchanceté est une aigreur, un dégoût de la vie… La moquerie, par exemple, est une manière de se rassurer, de se persuader qu'il y a plus faible que soi ». Et le garçon de citer Baudelaire qui, dans son poème *Le Mauvais Vitrier*, fait monter chez lui un vendeur de carreaux et le sermonne parce qu'il ne dispose pas de verre de couleur qui lui permettrait de voir la vie différemment. Quand le vitrier est à nouveau dans la rue, il lâche un petit pot de fleurs sur sa fragile cargaison qui se brise. Baudelaire nous raconte alors que sa journée avait mal commencé, qu'il ne se sentait pas à son aise et qu'il avait besoin de voir quelqu'un de plus malheureux que lui pour pouvoir aller mieux lui-même. Le méchant se sent défavorisé, opprimé même.

L'individu éprouvé souffre de sa méchanceté, mais, à vrai dire, il ne sait pas comment être autrement. La souffrance de l'autre lui apparaît comme un exutoire à sa propre souffrance ; c'est comme s'il avait *besoin* de faire du mal : « Quand on est méchant, explique Jacqueline (10 ans et demi), c'est souvent parce que l'on est malheureux. On veut se venger de sa tristesse. » « La méchanceté rend malheureux, triste, gêné », ajoute sa camarade Amandine (11 ans). Bref, conclut Chantal, lycéenne :

> *La méchanceté pourrait être une maladie, une thérapie contre une blessure du passé, un traumatisme, un manque. On est méchant pour reporter sur les autres ce que l'on vit soi-même, par peur, par solitude ou par jalousie. Tous les méchants ne sont peut-être que des gentils frustrés ou malheureux.*

Pour ce méchant-là, la méchanceté, qui est souvent un aveu d'impuissance face à une situation qu'il n'arrive pas à maîtriser, apparaît comme un système de défense. C'est l'enseignant qui, ne parvenant pas à se faire écouter de ses élèves, leur administre régulièrement colles et devoirs supplémentaires. Ce méchant se nuit donc d'abord à lui-même ; s'il avait d'autres moyens, méchant, il ne le serait sûrement pas. Platon considère que ce méchant trouve la punition juste et qu'il souffre davantage de ne pas être puni que de l'être. Il peut même regretter sa méchanceté. Macquart, prisonnier de Pierre Rougon, s'en voulait ainsi d'avoir fait le méchant et de ne pas s'être entendu avec sa famille : « Il se rappela ses méchancetés inutiles[1] », note Zola. Mais ne confondons pas ici l'acte et sa cause ; le méchant peut avoir de « bonnes » raisons d'être méchant, il n'en est pas moins méchant s'il a pour projet le mal de son prochain : la bonne raison n'efface jamais le caractère méchant d'un acte.

Est-ce tout ? Non, nous pourrions parler encore du méchant envieux, celui qui ne supporte pas une condition ou une situation d'infériorité (en termes de reconnaissance, de salaire, de carrière, etc.), qu'il vit comme une injustice – situation qui, de surcroît, peut être non conforme au droit. Il s'ensuit une « méchanceté-rivalité », des femmes envers les hommes, par exemple, des jeunes envers les plus âgés, des Noirs envers les Blancs, des handicapés envers les « bien-portants ». Nous aurions aussi pu parler de ces personnes méchantes par souci de se distinguer, voulant « faire un bon mot ». « La méchanceté rend spirituel », disait Nietzsche…

Quelques traits communs aux méchants

Voici quelques traits qui semblent communs à tous les méchants :

• le méchant est *injuste* ; il ne partage pas : c'est, pour reprendre un exemple emprunté à Cicéron, le chef de

1. Émile ZOLA, *op. cit.*, p. 375.

pirates qui ne répartit pas équitablement le butin ; il est donc *égoïste* ;

• le méchant est *démagogue* (les adolescents disent *populaire*) ; il fait semblant de penser aux autres, mais, en réalité, il ne poursuit que son propre intérêt ;

• le méchant est *manipulateur* ;

• le méchant *aime dominer* ;

• le méchant est *insensible* à la douleur d'autrui ; plus que cela, il la recherche ;

• le méchant *aime* la méchanceté ;

• le méchant *ne se sent pas coupable*, parce qu'il a aboli les notions de bien et de mal ;

• le méchant ne cible pas toujours une victime en particulier ; chacun peut être agressé par lui, la *cible* est souvent *aléatoire*.

Au terme de ce chapitre, il convient de rappeler combien la méchanceté est liée à l'intentionnalité. C'est avant tout l'intention et la pleine connaissance de cause qui font le méchant. Écartons par conséquent l'idée d'une méchanceté *inconsciente*. Nous songeons ici à Chantal se demandant : « Comment puis-je être sûre qu'il n'y a pas quelqu'un, quelque part, qui est en train de souffrir à cause de moi, de mes paroles ou de mes actes, même si je n'ai jamais eu l'impression de l'avoir blessé ? »

Non, une dernière fois, la méchanceté suppose le vouloir – dans tous les cas.

Chapitre 5

Comment se construit l'acte méchant ?

Entre contexte et prétexte

Chacun de nous renferme une part de méchanceté.

Johanna (15 ans), lycéenne

Fondamentalement, la méchanceté résulte de l'affrontement symbolique ou réel avec l'autre. Elle exprime un rapport interpersonnel dégradé. Il peut également s'agir d'un rapport intrapersonnel : c'est la méchanceté envers soi-même dont nous avons parlé précédemment. Peut-être la méchanceté vis-à-vis d'autrui est-elle un effet de ce mécanisme éprouvant de dialectique sociale provoqué par le heurt des volontés individuelles. C'est pourquoi on ne peut pas être méchant en général, mais seulement par rapport à autrui ou à soi : telle personne en particulier, ses proches ou, au contraire, des étrangers ; on parlera ainsi de méchanceté ciblée. Pour ce qui est de la méchanceté envers soi-même, c'est probablement, comme le dit Leibniz, l'abus de nos facultés qui nous rend méchants.

Considérons, ainsi que le soutient Alexander Mitscherlich, humaniste, philosophe et psychiatre allemand d'orientation psychanalytique, que chaque individu est affecté d'une « dotation pulsionnelle agressive, sans répertoire de comportements définitivement fixés », autrement dit d'une certaine prédisposition à l'agressivité. Considérons également que la méchanceté est le résultat de l'accumulation de frustrations ou de souffrances. Les désirs frustrés s'expriment par des tensions, lesquelles déclenchent à leur tour divers comportements méchants.

Mais tout sentiment, on le sait, peut être actif ou réactif. Nous nous devons donc de distinguer deux types de méchanceté : une méchanceté *réactive* à une situation extérieure (hors de soi), qui est la réponse à une agression subie ou à une menace, un danger à venir – la conséquence agie d'une déception, par exemple ; et une méchanceté *préméditée* ou *active* : il s'agit ici fréquemment de faire le mal pour le mal. Ces deux méchancetés, nous les retrouvons chez Jean Valjean, dont le bagne, nous l'avons vu, avait nourri la haine envers la société, ce qui, on s'en souvient, avait conduit l'homme à « deux espèces de mauvaises actions », selon les mots d'Hugo : « une mauvaise action rapide, irréfléchie, pleine d'étourdissement, toute d'instinct, sorte de représailles pour le mal souffert ; et une mauvaise action grave, sérieuse, débattue en conscience et méditée avec les idées fausses que peut donner un pareil malheur[1]. »

La méchanceté active répond à un projet : le méchant veut obtenir quelque chose qu'il n'a pas ou augmenter ce qu'il possède déjà mais lui paraît insuffisant. Il agit ainsi soit parce qu'il n'a pas d'autres moyens pour se satisfaire, soit parce qu'il considère que la méchanceté est le meilleur (ou le plus rapide) moyen d'atteindre son objectif. Cette méchanceté exprime une déficience physique ou intellectuelle, un manque. Il s'agit, pour le méchant actif, de combler ce manque.

Mais il ressort de la majorité de nos témoignages que l'autre méchanceté, la méchanceté réactive, est la plus répandue. Le jeune Pierre-André (15 ans) traduit donc un sentiment

1. Victor HUGO, *Les Misérables*, *op. cit.*, p. 98.

assez général lorsqu'il dit : « Si, par exemple, une personne nous a agressé moralement ou physiquement, on va avoir un sentiment de vengeance et, dans ce cas, on peut être à notre tour méchant. Les conséquences de cette méchanceté sont la haine, la souffrance, voire la peur. » La méchanceté réactive est, par conséquent, le résultat de déceptions, de chagrins, de rancunes, de haines, qui ébranlent à ce point la personnalité que celle-ci en est momentanément modifiée. La haine est un ressort profond : haine de l'autre, haine de soi, haine du monde. On persécute l'autre, on l'insulte, on lui fait du mal, on le tue. Chez le méchant réactif, la méchanceté est une réponse à une méchanceté préalablement subie soit du fait d'un autre, soit du fait d'une situation décevante, par exemple un échec à un examen, à une compétition sportive ou dans la vie professionnelle. Aux yeux de la personne, cet échec donne le « droit » de se mal conduire – il s'apparente à une espèce de légitime défense en somme. Agissant sous l'empire de la colère, parce qu'elle estime avoir subi un préjudice, la personne s'en prend à l'auteur de ce préjudice qu'elle veut « punir » en lui infligeant une douleur équivalente à la sienne. Sans doute retrouvons-nous là l'idée de *dette* exposée par Nietzsche, à savoir le rapport contractuel entre créancier et débiteur, mais plus encore l'expression de la *loi du talion* : ce que tu m'as fait, je te le fais. Quand la loi juridique ou morale permet cette méchanceté, elle donne à la victime méchante par réaction le pouvoir d'exercer sans frein sa puissance sur celui qu'elle estime être le méchant initial. Ce faisant, elle lui reconnaît un droit à la méchanceté, ce qui revient à mettre en cause le principe même de justice.

On l'aura compris, la méchanceté réactive inaugure ce que l'on pourrait appeler une méchanceté *circulaire* : moi, A, je suis l'objet de la méchanceté de B ; pour me venger, j'adresse ma méchanceté à C qui, à son tour, oriente la sienne sur D, et ainsi de suite. Lorsque la méchanceté est dirigée contre quelqu'un « qui n'y est pour rien » (qui ne m'a rien fait), je ressens un maximum de jouissance, car cette méchanceté exprime un pouvoir absolu que j'ai sur lui.

Tout peut constituer une raison de méchanceté : des mauvaises notes pour des élèves qui en ont généralement de bonnes et vont donc ressentir une énorme humiliation, l'échec, surtout s'il se répète, des difficultés financières, etc. Se forme en réaction une espèce de personnalité seconde qui, peu à peu, prend le pas sur la personnalité normale. Freud a montré les effets des chocs affectifs et des traumatismes sexuels sur le caractère de l'enfant ; on sait combien, en vertu des fixations affectives liées au complexe d'Œdipe, des haines peuvent se développer à l'égard du parent, du frère ou de la sœur vécu comme un rival. La méchanceté peut encore résulter d'un sentiment d'infériorité lié à un manque : d'argent, de reconnaissance… La description suivante permet de comprendre comment le mécanisme de la méchanceté est déclenché :

1) **Stimulus** : une situation désagréable ;

2) **Affect** : sentiments tels que colère, jalousie, haine, vengeance ;

3) **Réponse** : *sublimation* : choix d'un autre objet amoureux, par exemple,

ou *automéchanceté* : agression verbale ou physique dirigée contre soi telle qu'un suicide,

ou *méchanceté* : agression verbale ou physique dirigée contre autrui.

Le stimulus, qui est susceptible de générer un affect et de contribuer au déclenchement de la méchanceté, peut consister en une menace réelle ou supposée qui se répercute contre un groupe donné et ses valeurs. La société, ou une partie de la société, se sent, soudainement ou non, en danger. Généralement, un ennemi est désigné. Il s'agit en principe d'une personne « différente » : le Juif, l'Arabe, le Noir. Cet ennemi, qui inspire la haine à cause de sa différence, suscite une réponse sociale qui peut consister soit en une méchanceté verbale, des propos racistes et xénophobes, par exemple, soit en des violences physiques pouvant aller de l'agression personnelle jusqu'à l'extermination collective.

De l'événement déclencheur à l'acte méchant : les sentiments impliqués

L'enchaînement est toujours le même : à un événement déclencheur (trahison, adultère, par exemple) succède un sentiment dominant (tel que la jalousie) ainsi que des sentiments associés (souvent haine, colère, volonté de vengeance), bientôt suivis par l'acte méchant. Notons d'abord que certaines personnes déclenchent chez nous un désir de méchanceté irrésistible et viscéral qui s'apparente à un instinct sadique. Nous disons généralement de ces personnes qu'elles ont une « sale gueule » ou qu'elles n'ont « pas l'air commode » – autant de propos qui semblent conforter notre point de vue. Mais notre désir d'être méchants peut également tarder à se manifester parce que la personne nous paraît d'abord agréable ; on dit alors qu'elle a une « bonne tête », qu'elle a « l'air doux », qu'elle « ne ferait pas de mal à une mouche ». Un peu plus tard surgiront les différends. C'est en somme le discours alternatif de la gentillesse et de la méchanceté, au nom duquel l'on passe d'un sentiment à un autre, de l'approbation de la qualité à la dénonciation du défaut.

Si l'on est méchant, c'est qu'il y a eu de la méchanceté au préalable, c'est sûr. Nous en sommes convaincus et analysons chaque réaction, y trouvant des déterminations psychologiques, physiologiques, sociologiques. La méchanceté a toujours un *mobile*, qui en est la justification rationnelle : un enfant à qui l'on retire un jouet se met en colère, injurie sa mère ; nous comprenons pourquoi il agit ainsi même si nous désapprouvons sa conduite. Le mobile, dans cet exemple, paraît pourtant si léger que nous considérons souvent qu'il est davantage un prétexte qu'un vrai mobile, ce qui ajoute à notre irritation d'adulte. De fait, l'explication que nous trouvons à la méchanceté n'est pas toujours suffisante ou satisfaisante, convenons-en. Mais, inlassablement, nous en cherchons le sens : « Pourquoi es-tu méchant avec moi ? », demande l'enfant à l'autre qui l'agresse, « Je ne t'ai rien fait ». Ce que l'enfant découvre ici, c'est l'injustice et le mystère de la méchanceté. « Pourquoi tu me tues ? », demande le condamné à son bourreau. Ni l'enfant ni le criminel ne comprennent ce qui leur arrive. On ne pourra ainsi, dans l'examen des causes de la méchanceté, s'en tenir seulement aux dispositions mentales et rejeter l'influence du milieu sur son mode d'apparition et son évolution ; le psychologique, quelle que soit son influence, est toujours débordé par l'incidence des rapports sociaux.

Les causes de la méchanceté sont hétérogènes. Elles sont à l'évidence difficiles à cerner. Il faut tenir compte d'une foule de facteurs dans la genèse du comportement méchant : les uns tiennent à une « nature humaine » faite d'agressivité (au moins partielle ou potentielle) et marquée par la persistance de modèles comportementaux archaïques, mémorisés depuis les origines de l'humanité, ce temps où les hommes devaient lutter pour conquérir leur place et leur prédominance sur la terre ; les autres relèvent de situations sociales, culturelles, religieuses particulières favorisant le passage à l'acte méchant. Comme le dit encore Mitscherlich, « toutes ces considérations incitent à définir la nature du comportement humain comme une péréquation constante entre excitations extérieures et excitations corporelles[1] ».

---

1. Alexander MITSCHERLICH, *op. cit.*, p. 87.

Il nous faut à présent examiner le processus qui va de la méchanceté *ébauchée* à la méchanceté *aboutie*. Au départ de la méchanceté, il existe souvent, nous l'avons dit, une situation extérieure à l'individu qui agit comme stimulus. Ce stimulus déclenche le processus qui mènera à la méchanceté. Apparaissent alors les sentiments premiers, ceux qui accompagnent la méchanceté à son point de départ, comme la haine ou la vengeance, voire des envies d'annihilation ou de destruction. Ces sentiments, très forts, activent des sentiments intermédiaires, tels que la colère ou la rage, lesquels, finalement, aboutissent aux sentiments liés à l'accomplissement de l'acte méchant : la jouissance et l'impression de supériorité. Ce sont tous ces sentiments qui forment le soubassement *intérieur* de l'acte méchant, lequel a toujours une pensée directrice : l'assujettissement d'autrui – quelquefois sa disparition.

Bien entendu, la réponse au stimulus est fonction de la nature du sujet, de son humeur du moment, de la manière dont il a ressenti la situation blessante. Le tableau suivant décrit la chaîne de sentiments qui aboutit au déclenchement de la conduite méchante :

Enchaînement de sentiments menant à l'acte méchant

Sentiments au point de départ : haine, jalousie, vengeance…	Sentiments intermédiaires : colère, mépris…	Sentiments au point d'arrivée : impression de supériorité, jouissance…

La *haine* inspire de nombreux comportements méchants. Le petit garçon de *L'Homme aux loups* reproche à son père ses absences. « Il voulait, explique Freud, en faisant montre de sa méchanceté obtenir, par contrainte, châtiment et coups de la part du père et se procurer ainsi auprès de lui la satisfaction sexuelle masochiste souhaitée. Ses accès de cris étaient donc tout simplement des tentatives de séduction[1]. »

La *jalousie* est, elle aussi, à l'origine de nombreuses méchancetés. Le jeune garçon dépeint par Freud est ainsi jaloux de sa sœur qui a l'esprit plus vif et jouit de l'estime paternelle ; il n'éprouvera d'ailleurs aucune douleur à la mort de celle-ci. Il est certain que la jalousie, le soupçon, la crainte de la trahison étreignent et rongent le cœur des hommes. La jalousie, disait le Dr Berge, est un « défaut repoussant » qui fait partie des « mauvais sentiments » ; c'est un sentiment souvent incontrôlable, qui exprime une souffrance considérable.

L'*envie* est aussi souvent mauvaise conseillère. Comme le dit Rousseau :

> Il n'y a peut-être pas un homme aisé à qui des héritiers avides et souvent ses propres enfants ne souhaitent la mort en secret, pas un vaisseau en mer dont le naufrage ne fût une bonne nouvelle pour quelque négociant, pas une maison qu'un débiteur ne voulût voir brûler avec tous les papiers qu'elle contient, pas un peuple qui ne se réjouisse des désastres de ses voisins. C'est ainsi que nous trouvons notre avantage dans le préjudice de nos semblables[2].

L'envie est un moteur de méchanceté que l'on connaît bien. C'est elle que nous inspire le succès d'autrui, elle qui pousse à vouloir s'approprier ce qui n'est pas à soi. C'est l'envie du bonheur ou de la beauté que l'on n'a pas.

La *peur* elle-même peut déclencher de la méchanceté. L'homme attaque quelquefois sous l'emprise de ce sentiment parce qu'il se sent faible face au monde environnant.

---

1. Sigmund FREUD, *L'Homme aux loups*, *op. cit.*, p. 53.
2. Jean-Jacques ROUSSEAU, *op. cit.*, note IX.

La *maladie* – quand elle ne prive pas le malade de sa lucidité – est un autre facteur de méchanceté. Elle aigrit parfois ceux qu'elle frappe. Les personnes âgées sont souvent concernées parce qu'elles souffrent beaucoup. Alors elles font du mal autour d'elles avec les moyens qui leur restent : elles déshéritent un enfant qui leur était pourtant dévoué ou critiquent abondamment les conduites de tel ou tel proche, le plus souvent sans justification aucune.

Tâchons de démonter à présent, un peu plus précisément encore, le mécanisme de l'acte méchant de type réactif. Au départ, l'on trouve une circonstance qui vient contrarier une relation paisible. C'est, par exemple, l'adultère qui porte atteinte à l'amour conjugal ou une peine de cœur qui brise brutalement une relation que l'on croyait solide. Il s'ensuit, pour la victime, un sentiment dominant de jalousie (point de départ), qui entraîne à son tour un sentiment second ou médiateur de colère (point d'arrivée), accompagné d'idées de vengeance et de punition. Ce dernier sentiment, lié à une forte émotion (ou de la souffrance), produit finalement l'acte méchant qui peut aller de simples propos quelque peu vifs à une véritable « mise à mort ». Johanna (15 ans) raconte la pénible histoire qu'elle a vécue :

> *Ça m'est arrivé il n'y a pas trop longtemps, une histoire de cœur, une histoire de jalousie. Une fille me faisait du mal et je voulais me venger. Je voulais lui faire mal comme elle me faisait mal. Heureusement, cela ne s'est pas terminé en meurtre. J'ai décidé d'aller lui parler et je pensais, comme c'était mon amie, qu'elle me comprendrait. Et ça a marché ! Nous avons longuement discuté et elle m'a demandé pardon, car elle ne voyait pas que ce qu'elle faisait me faisait mal. Mais je sais que jamais encore je n'avais été en colère contre quelqu'un. Je sais que je ne pourrais être méchante que pour des histoires de cœur, et non sur un terrain de sport, car dans ce domaine je suis très fair-play.*

De différentes formes de la méchanceté : moquerie, rumeur, passion, maladie

« Certaines personnes sont méchantes uniquement par besoin de parler, observe Hugo. Leur conversation, causerie dans le salon, bavardage dans l'antichambre, est comme ces cheminées qui usent vite le bois ; il leur faut beaucoup de combustible ; et le combustible, c'est le prochain[1]. » Zola évoque de son côté « ces terribles commères, froides, aiguës, qui savent tout, se font tout dire et ne répètent les bruits que pour en assassiner les gens[2] ». Cette façon blessante de parler, nous l'appelions « jaser » dans l'ancien temps, quand ces commérages emplissaient la vie des gens des petites villes et des campagnes. Aujourd'hui, des milliers de paroles du même genre s'échangent chaque jour devant des milliers de distributeurs de café, des paroles mauvaises, méchantes, des « cancans ». Au royaume de la médisance, chacun plonge dans la vie de chacun pour en dire le plus grand mal. Le ragot, dans l'étroitesse d'esprit qu'il traduit, n'a rien à envier à la bigoterie. Il y a un bonheur de la méchanceté, une enivrante félicité dans l'idée que l'on est méchant. Barbey d'Aurevilly, écrivain libertin du XIXe siècle, aurait sans doute parlé de « bonheur diabolique ». Cette méchanceté du langage, le romancier Michel Houellebecq en est aujourd'hui l'un des meilleurs chantres. Voici un auteur, en effet, qui, livre après livre, cultive sa hargne jusqu'à saturation.

La *rumeur* fait partie des mauvaises choses qui se disent. Jean Valjean, devenu riche et maire, s'en était rendu compte, on s'en souvient, à ses dépens. C'est la loi, dit Hugo, « que subissent toujours ceux qui s'élèvent, des noirceurs et des calomnies, puis ce ne fut plus que des méchancetés,

1. Victor HUGO, *Les Misérables*, *op. cit.*, p. 183.
2. Émile ZOLA, *op. cit.*, p. 361.

puis ce ne fut plus que des malices, puis cela s'évanouit tout à fait[1] ». Dans le roman de Zola, *La Fortune des Rougon*, Antoine Macquard, jaloux de son demi-frère Pierre, commençait, quant à lui, à faire circuler sur ce dernier, aîné des Rougon, de vilains bruits : qu'avec son commerce d'huile, il n'était pas aussi pauvre qu'il le disait, qu'il avait des trésors cachés – ce qui était faux, naturellement. On connaît, encore aujourd'hui, dans nombre de hameaux, villages ou petites villes, le poids du commérage colporté par de méchantes langues que l'on nomme encore « langues de vipère ». À signaler à ce sujet l'intéressante hiérarchie qu'établit Hugo, plaçant la méchanceté entre la calomnie (qui est un vrai mensonge pour Hegel) et la malice. Ajoutons-y la médisance qui, selon le même Hegel, consiste à tenir des propos nuisibles pour la réputation d'un tiers.

La *moquerie*, qui est à distinguer de la taquinerie, se présente comme un acte méchant, qui cherche à atteindre et à émouvoir l'autre ; on pourrait dire qu'elle consiste en un emploi méchant de la plaisanterie. La moquerie est une arme redoutable. Qui n'en a pas souffert ? Hommes du commun, grands hommes. On raconte les quolibets que l'on adressait à Kierkegaard, qui avait le dos voûté et portait d'horribles pantalons. Dans la rue, les gens l'insultaient, les gamins lui jetaient des pierres, les étudiants ricanaient sur son passage. Dans une très belle page, Descartes a démonté le mécanisme de la moquerie :

> La dérision ou la moquerie est une espèce de joie mêlée de haine, qui vient de ce qu'on aperçoit quelque petit mal en une personne qu'on pense en être digne… Et on voit que ceux qui ont des défauts fort apparents, par exemple qui sont boiteux, borgnes ou bossus, ou qui ont

1. Victor HUGO, *Les Misérables*, *op. cit.*, p. 173.

reçu quelque affront en public, sont particulièrement enclins à la moquerie[1].

Les enfants, mais aussi les adolescents, sont très sensibles à cette forme de méchanceté ; c'est même une des plus graves à leurs yeux. « Les railleries font beaucoup souffrir », dit cette adolescente parisienne (11 ans) qui n'aime pas que ses frères et sœurs « se montent contre elle ». Critiques, insultes sont ainsi dénoncées : « J'avais invité une amie, raconte par exemple cette autre fille (10 ans et demi), et elle n'a fait que me critiquer et dire que ma maman la maltraitait. Ce qui n'était pas vrai. » « Quand on m'insulte, ajoute Amélie (11 ans), c'est ce qui me fait le plus souffrir. » « Moi, ajoute Lucie (11 ans également), je trouve que ce qui fait le plus souffrir, c'est quand votre meilleure amie vous insulte, vous critique et retourne les autres contre vous. » Anaïs (12 ans) a connu elle aussi les propos blessants : « Durant toute ma scolarité, on m'a insultée en me disant : "Ah ! Regardez la grosse". Ça m'a beaucoup blessée. » Laure (13 ans) se souvient d'avoir souffert jadis, elle aussi, de la méchanceté : « Mes amies, explique-t-elle, du jour au lendemain, m'ont complètement laissé tomber. Elles se moquaient de moi, montaient le reste des personnes de la classe contre moi. J'ai appris plus tard que ce rejet venait d'une seule personne qui avait entraîné les autres. » Voici un autre témoignage, celui d'Aurélia (12 ans et demi) : « Quand j'étais en 6e, j'ai été en permanence insultée et méprisée par une camarade. Durant la journée, je retenais mes larmes, mais, dès que j'arrivais chez moi, je sautais en pleurs sur mon lit et je racontais tout à mes parents. » Jack (16 ans) se rappelle à son tour : « Au cours de ma 1re année de collège, j'ai été victime de moqueries qui portaient sur ma façon de m'habiller, sur ma taille,

1. René DESCARTES, *op. cit.*, pp. 201-211.

mon poids ; j'en ai vraiment souffert sur le moment. » L'outil de la moquerie est le rire. Ainsi que le rappelle Konrad Lorenz, « le rire peut se transformer en une arme très cruelle et blessante, lorsqu'elle frappe injustement un être humain sans défense[1] ».

Le *dénigrement* est une conduite particulièrement prisée chez les adolescents. Il traduit cette dureté relationnelle observable un peu partout. Je suis frappé à cet égard de constater à quel point les rapports entre adolescents (population que, de par mon activité professionnelle, je connais le mieux) sont très souvent marqués, sans aucun doute plus que par le passé, du sceau du « mal dire » ou du « mal faire ». C'est parfois à qui sera le plus méchant – quelquefois même le plus cruel. Laurence (12 ans) le confesse :

> *Bien sûr que j'ai déjà été méchante avec des amies. L'une, un jour, me disait qu'elle ne pouvait pas supporter « untel » ; et untel me disait la même chose à son égard. C'est difficile de choisir son camp. Moi aussi, je me suis déjà moquée d'une fille qui portait une robe qui faisait bergère.*

Ce qui motive les calomniateurs ? L'envie, le plaisir de détruire.

En élargissant le concept de méchanceté, l'on pourrait dire que la *maladie*, évoquée précédemment, est elle aussi une forme de méchanceté, une méchanceté faite au corps. Et la méchanceté est d'autant plus grave que la maladie est sérieuse, voire incurable. Cancer, lèpre, choléra, sida, typhus figurent parmi les maux les plus épouvantables de la Création. C'est devant de telles souffrances que nous nous disons quelquefois que Dieu est un monstre, parce qu'évidemment nous ne croyons pas qu'une « faute » du malade puisse

1. Konrad LORENZ, *L'Agression*, *op. cit.*, p. 280.

expliquer sa maladie. Et que dire de la pollution atmosphérique et des constructions anarchiques ; ne sont-elles pas des méchancetés faites à la nature ?

De quelques causes de la méchanceté : ennui, amertume, angoisse, colère, haine, privations

Plus le monde extérieur se révèle brutal et incertain, plus nous avons de possibilités et de risques de sombrer dans l'angoisse, réaction naturelle de l'organisme en danger, et de nous livrer sur autrui à quelque méchanceté qui nous en libère momentanément.

La *misère*, qui signifie d'abord une privation de nourriture, est ainsi souvent mauvaise conseillère quant au choix d'un comportement à suivre ; la petite Jane Eyre, par exemple, ne s'imaginait pas comment les pauvres pouvaient faire preuve de bonté. On se souvient de la Fantine des *Misérables*, injustement chassée de son travail, qui tombe dans le plus complet dénuement ; la pauvre jeune fille se met à haïr tout ce qu'elle peut. Elle sait qu'elle est désormais une « mauvaise femme ». La faim aigrit assurément ceux qu'elle tenaille ; on sait la méchanceté et l'agressivité qui s'ensuivent. De ce fait, le pauvre peut devenir méchant par révolte contre sa pauvreté, ou bien pour se venger des agressions dont il est victime quotidiennement. À cet égard, le clochard d'aujourd'hui n'est plus l'être paisible d'antan, il est plus agressif, plus violent. Il insulte les gens qui ne lui donnent pas la pièce espérée, les menace de connaître un jour le même sort. Et surtout, entre eux, les clochards se battent, pour une place au chaud près d'une bouche de métro, pour un carton qui les préservera du froid. Quelquefois, certains se font agresser, violenter, abuser, voire tuer dans des conditions horribles par des tierces personnes. Sans doute, dans les premiers temps de l'humanité, la faim a-t-elle été à l'origine de moult combats et affrontements entre tous les affamés, hommes et bêtes. Des expériences menées en laboratoire ont ainsi montré que non seulement des primates, mais aussi des fourmis placées en état d'inanition devenaient immédiatement plus agressives. Par ailleurs, lorsque la nourriture est concentrée sur un petit espace où vivent un grand nombre de sujets, les bagarres se multiplient, les adultes dominants ne laissant s'approcher personne tant qu'ils n'ont pas mangé à satiété.

La *promiscuité* est un autre facteur de risque de la méchanceté : « Nous sommes inhospitaliers à force de vivre trop proches les uns des autres[1] », dit Konrad Lorenz. Déjà, chez les animaux, l'on observe qu'une augmentation, même légère, de la densité de population conduit à une multiplication des comportements agressifs de nature souvent pathologique ; c'est ce que les éthologistes appellent *l'effet de groupe*. Chez les humains, qui sont épris du sentiment de propriété, beaucoup de querelles naissent pareillement du problème que pose l'occupation de l'espace. On pourrait dire que la méchanceté humaine est proportionnée à la densité de population et que nous ne supportons les autres que dans certaines limites ; d'où l'invention de la notion – dangereuse – d'espace vital.

Plus la société nous plonge dans un insupportable *anonymat*, plus nous sommes portés à « ruminer » idées noires ou vengeances. Il en est ainsi des situations d'ennui qui dégénèrent. Michel de M'Uzan rapporte l'histoire de ce soldat de la guerre de 1914 racontant les tranchées infestées de rats dont il fallait se débarrasser à tout prix. Entre deux assauts, quand la tranchée se faisait soudain silencieuse, on capturait l'un de ces rats et on lui coupait l'anus. Alors, la bête, devenue comme enragée, attaquait sauvagement ses congénères, qu'elle tuait très souvent. Les soldats, qui avaient la peur au

1. Konrad LORENZ, *Entretiens*, *op. cit.*, pp. 74-75.

ventre le reste du temps, prenaient plaisir à ce spectacle. Autant dire que si l'oisiveté est mère de tous les vices, elle l'est aussi de la méchanceté.

Considérons les effets de la privation ou du *retrait d'amour*. René Spitz a été l'un des premiers à le démontrer : si l'enfant ne reçoit pas assez d'amour pendant sa première année de vie, toutes ses réactions sociales s'atrophient rapidement et il perd sa capacité de communiquer. Plus tard, s'il grandit seul, sans affection, sans soutien, se sentant abandonné, il peut en vouloir à l'humanité entière et devenir méchant. On comprend donc que la compétition pour l'amour existe. On se souvient aussi du meurtre de Caïn tuant son frère Abel, ce qui permet de dire combien la haine pour le semblable – le frère en particulier – est fréquente. Freud nous l'a enseigné, ce qui se trame entre frères et sœurs est moins une « maladie d'amour », comme on aime à le croire, qu'une « maladie de haine ».

La *privation sexuelle* offre une autre raison (ou occasion) à la méchanceté. On se souvient que c'est à la suite de la répression de son onanisme que la vie sexuelle de l'enfant dépeint par Freud, qui allait devenir *L'Homme aux loups*, devait prendre un caractère sadique-anal. Le garçon devint irritable, méchant, surtout envers sa nourrice et les animaux. Freud raconte qu'il commença à exercer de la cruauté envers de petits animaux, à attraper des mouches pour leur arracher des ailes, à écraser des coléoptères, à battre même de gros animaux, comme des chevaux, ainsi que nous le mentionnions précédemment. Sans doute la privation sexuelle est-elle à l'origine de nombreux comportements agressifs et régressifs ; elle semble décupler la méchanceté, redonnant force aux composantes les plus archaïques de l'instinct. Les institutions fermées, comme les prisons, sont à cet égard propices aux comportements les plus durs.

Les animaux semblent souffrir, eux aussi, de la privation sexuelle. On sait, par exemple, que les mâles chimpanzés adultes empêchent les plus jeunes de copuler, ce qui pousse ces derniers à rejoindre d'autres groupes avec l'espoir de satisfaire leur besoin, mais les adultes de ces groupes ne se montrent guère plus accueillants et des bagarres s'ensuivent.

Un *déséquilibre affectif* peut également être à l'origine d'une conduite méchante. Voici un jeune garçon de neuf ans qui ne supporte pas sa petite sœur ; il en est jaloux ; considérant qu'il doit partager l'amour de sa mère avec elle, il n'a de cesse d'en dire du mal, de la chahuter ; tout lui est prétexte, en réalité, à se conduire méchamment et, sans vouloir la mort de sa jeune sœur, il dit qu'il eût préféré qu'elle n'existât jamais. La passion elle-même, quand elle prend la forme de « l'amour vache », peut apparaître comme une véritable maladie de l'amour – qui suppose, lui, altruisme et générosité.

Toutes sortes d'autres raisons peuvent être invoquées afin d'expliquer la méchanceté ; la mort d'un proche dans des circonstances accidentelles, qui vient, soudain, nous faire douter du bonheur de la vie, en est une autre.

De quelques lieux de la méchanceté : famille, entreprise, terrain de sport

La méchanceté est souvent présente en famille. Entre conjoints d'abord. Dans un couple, la tromperie de l'un envers l'autre peut être considérée comme une méchanceté faite à l'Amour. Des mensonges répétés, des rapports sexuels froids et de plus en plus espacés représentent assurément ces « petites méchancetés entre époux » qui peuvent tourner mal avec le temps. D'où les scènes de ménage, dont nous avons parlé. Une domination financière peut aussi être à l'origine de maintes méchancetés entre mari et femme. En témoigne cette femme :

> *Depuis cinquante ans, je suis l'esclave de mon mari. Ayant travaillé avec lui dans notre commerce, je n'ai pas de retraite, je suis tributaire de lui. Ma vie n'a été que labeurs et humiliations. À l'extérieur, mon époux est beau et charmeur, à la maison il devient méchant. Il est jaloux des relations que je garde avec mes amies fidèles et ma famille. Il fait toutes les courses, je n'ai pas d'argent pour m'acheter des vêtements... Depuis mes soixante-cinq ans, je réagis, mais il est encore plus agressif*[1].
>
> Bérangère, Picardie.

La méchanceté, nous l'avons dit, existe aussi entre frères et sœurs. De nombreux témoignages attestent de ces violences quotidiennes entre aînés et cadets, filles et garçons. Catherine (30 ans), enseignante, se souvient de certaines méchancetés qu'elle a commises plus jeune :

> *Quand j'étais enfant, à l'âge de quatre ans, n'acceptant pas la naissance de ma sœur, j'étais d'une méchanceté et d'une perversité terribles envers elle et tout le monde... Cela s'est terminé vers l'adolescence. Aujourd'hui, je l'aime plus que tout et ne comprends pas comment j'ai pu agir ainsi !*

Amandine (16 ans) évoque quant à elle son frère, d'un an son aîné, qui l'a maltraitée plus jeune. Elle se battait alors souvent avec lui. C'était, dit-elle, de la violence « gratuite ». Et puis, un jour, il est parti en pension : « Ça a changé ma vie, confesse-t-elle. Depuis ce temps-là, il a beaucoup changé ; il est devenu très sympa avec moi et je l'aime vraiment beaucoup ; c'est un "vrai" frère à présent. »

Tous les lieux de compétitivité et de concurrence acharnées – selon les principes essentiels à la dynamique des

1. Extrait de « Version Fémina », *Le Journal du dimanche*, 16 janvier 2005.

sociétés libérales – sont imprégnés d'agressivité. Que ce soit au sein de l'entreprise ou dans l'enceinte sportive, la méchanceté apparaît à visage découvert. Le « mot d'ordre » que l'on peut aisément entendre sur les terrains de jeux n'est plus « Luttez ! », mais « Tuez-les ! ». Précisons notre pensée. La méchanceté est aujourd'hui omniprésente dans les espaces et les lieux sportifs, qu'elle transforme en « arènes sanglantes ». L'essentiel, dans le sport, le fait est désormais connu, n'est plus de « participer », selon la belle formule du baron Pierre de Coubertin, mais de gagner, de remporter la victoire à n'importe quel prix. Dans les tribunes, sur les stades, la tension est donc à son comble. IL FAUT GAGNER ! Ce sont aujourd'hui la haine, dont on sait qu'elle est plus forte que l'amour, et la tricherie qui sont enseignées aux sportifs, et cela dès leur plus jeune âge, tandis que, sur le banc de touche des éducateurs, se multiplient les vociférations et gesticulations de toutes sortes comme autant d'encouragements à la violence. Regardez un match de football. En bas, sur le terrain, comme en haut, dans les gradins, ce ne sont que menaces, insultes, invectives : « Descends-le ! », « Fauche-le ! », voilà ce que l'on entend au cours d'une partie. Dans un tel contexte, comme le remarque Claude Lanzmann, où est la catharsis bienveillante, la valeur symbolique du combat en tant que substitut pacifique à l'affrontement de deux armées ? Il semble que nous soyons passés du mal comme excitant fantasmatique au mal comme violence aveugle et paranoïaque.

La méchanceté existe bien évidemment sur les lieux de travail. Les travaux de Marie-France Hirigoyen sur le harcèlement le confirment. On sait que l'on harcèle beaucoup dans ces milieux, sexuellement et moralement, que l'on tourmente en permanence dans les entreprises de toutes sortes et de toutes tailles. On peut même dire que le harcèlement est une pratique répandue dans les milieux professionnels. Florence Autret, dans son livre *Les Manipu-*

lateurs, indique que le fait est courant, notamment dans les agences de communication et les cabinets américains. Ce sont, observe l'auteur, de nouveaux guerriers de l'ombre, qui avancent masqués au nom de l'intérêt général ou du progrès scientifique. Les femmes sont les principales victimes de ces pratiques harcelantes. Il y a celles qui « couchent » et obtiennent mille gratifications et celles qui « ne cèdent pas » et subissent les pires humiliations. De sexuel qu'il était, le harcèlement devient, pour ces dernières, psychologique.

La crise économique, avec la peur qu'elle suscite de perdre son emploi, favorise toutes les méchancetés. Éric Albert, psychiatre français que cite Willy Pasini, détaille celles dont se rendent coupables les patrons : compte quotidien du nombre de visites aux toilettes, pointage des sorties, remarques à propos des coups de téléphone privés… Mais, redisons-le, par crainte du licenciement, nombre de victimes se taisent encore. Signalons tout de même la loi de juin 1991 qui, en France, punit le harcèlement sexuel d'une peine d'un an d'emprisonnement et de 15 000 euros d'amende.

Des circonstances aggravantes : la méchanceté en groupe

On connaît *l'effet de groupe* sur les individus, à savoir les modifications psychophysiologiques individuelles qu'il induit. On peut dire, en guise de proposition, que moins on est seul, plus on est méchant. Un entraînement à la méchanceté se produit en effet quand on se trouve en groupe, qui résulte de l'imitation. On a vu les comportements des hooligans dans les stades ! Gustave Le Bon, qui a étudié les foules à la fin du XIXe siècle, l'a dit et répété : un groupe tire ses membres vers le bas. Même les meilleurs deviennent méchants avec les autres et, quand ils se retrouvent seuls ensuite, ils n'en reviennent pas de leur mauvaise conduite, d'avoir pu être aussi méchants.

La méchanceté en groupe se manifeste chez certains supporters qui s'en prennent aux supporters adverses, chez les soldats qui, ensemble, se livrent quelquefois aux pires bassesses, chez certains adolescents qui se montrent agressifs, notamment envers les filles ; il arrive même que leur conduite dégénère et qu'ils violent leurs victimes tour à tour ; c'est le phénomène des « tournantes ». Comme il a été dit précédemment, ces jeunes ne comprennent pas ensuite qu'ils aient pu faire preuve d'autant de méchanceté avec des jeunes filles qui ne leur avaient fait aucun mal ; ils se retrouvent même tout à fait démunis quand il s'agit de rendre compte de leur comportement qui les conduit parfois sur les bancs des assises.

Comment s'accomplit l'acte méchant

Il y a toutes sortes de manières et de stratégies pour construire la méchanceté : la ruse en est une. Cicéron rapporte le cas de ce général qui, après avoir convenu avec l'ennemi d'une trêve de trente jours, ravageait de nuit le territoire de ce dernier parce que, disait-il, le pacte conclu s'appliquait aux jours, non aux nuits ! La séduction est une autre manière d'abuser de sa victime, tout comme le mensonge que les adolescents mettent souvent en avant. Et, bien entendu, la manipulation. Ce sont précisément ces stratégies qui distinguent la méchanceté de l'agressivité, sans nul doute plus spontanée, impulsive, instinctive. Un petit exercice pratique, à partir d'une brève fiction, pour terminer. Il s'agit du témoignage de Thibault (16 ans), élève de 1re à Paris :

> *Bonjour, je me présente, je m'appelle John, John Fitzgerald. Je suis méchant et voici mon histoire. Le 30 février 1968, je vis le jour à l'hôpital Bocadillo de Jamon de Mexico. Mes parents, Cathy et David Mharhalanah Fitzgerald me nommèrent John et m'élevèrent à la Perfection ; ils étaient doux, gentils,*

attentionnés, aimants et riches. Enfant, j'avais d'excellents résultats scolaires et des rapports amicaux avec mon entourage. Adolescent, ma réussite ne perdit pas de son excellence ; je n'ai jamais manqué un jour de classe, jamais bu ni fumé et j'aidais tous mes camarades. J'obtins le bac avec mention et allai dans une des plus prestigieuses facultés du monde. À vingt-deux ans, je créai mon premier prototype de boîte de conserve new age. Cette superbe invention me valut une place d'ingénieur en chef dans une entreprise très célèbre, la Ragondin Corporation [prononcez « Rrragondine »]. Rapidement, je gravis les échelons et en devins vice-président. J'avais un salaire comportant des dizaines de 0, une femme parfaite (top-modèle pour une marque de nourriture pour hyènes), une grande maison, deux magnifiques jumelles qui avaient été séparées avec succès après leur naissance, des amis géniaux et une absence totale de problèmes avec le fisc. Puis est arrivé Adolph Del Toro. Alors que je pensais être à l'abri de tout, une semaine changea ma vie définitivement. Mes parents moururent, tués par la chute de deux nains de jardin posés sur une étagère de leur grenier qu'ils nettoyaient ; le dénommé Adolph Del Toro fut nommé à mon poste et je me laissai pousser la moustache. Comme j'étais au chômage et que j'avais une moustache, ma femme me quitta pour mon successeur, elle obtint la garde des enfants et la maison ; et, pour finir, ma banque fit faillite après avoir été braquée par un Polynésien sous LSD. Ruiné, seul et désespéré, je me mis à boire et à me droguer. Je vis désormais dans le sous-sol d'une maison de retraite et je me nourris de restes de pizzas et de cafards. Après tout ça, je ne comprends pas pourquoi on me REPROCHE d'être méchant. Depuis, je ridiculise toutes les personnes qui croisent mon chemin, j'en ai tabassé plus d'une et, grâce à Moi, le taux de suicide a considérablement augmenté. Je distribue des cigarettes remplies d'Hash Oil[1] dans la rue, je fais

1. Le « hash oil », contraction de *hashish oil*, est obtenu par dissolution de hashish ou de marijuana dans de l'éther ou de l'alcool. Le GHB, ou acide gammahydrobutyrique, est couramment appelé la « drogue du viol ».

boire du GHB à toutes les femelles qui me plaisent, j'échange les seringues propres de ma maison de retraite avec des seringues remplies de syphilis et je remplace les bonbons des enfants par de l'ecstasy et des buvards imbibés d'acide. J'ai été le conseiller en torture de John Doe et celui en musique de Gilbert Montagné ; Tito, Mao et Mengele ne m'arrivent pas à la cheville. Je n'ai de respect et de sympathie pour personne dans ce monde, je suis même sadique envers les animaux, surtout les ratons laveurs.

Dites-vous à présent que tout cela est de la faute de mon patron à cause duquel je ne suis pas le premier à finir dans le caniveau. Pourtant, il va à l'église, met de beaux costumes à rayures, envoie de l'argent tous les mois à Greenpeace, il a les dents blanches et aucune relation « ambiguë » avec sa secrétaire. Cela ne l'empêche pas d'être l'homme le plus méchant de la Terre, dont la moitié des êtres humains sont la copie conforme. C'est maintenant à vous de discerner la VRAIE méchanceté…

La provocation de l'acte agressif par stimulation neurochimique : l'exemple des rats

Examinons les montages neurophysiologiques qui sous-tendent les conduites émotionnelles. Ces montages, qui sont étudiés depuis des dizaines d'années, associent le néocortex, le système limbique et l'hypothalamus. Le système limbique occupe une position centrale, il est le carrefour à partir duquel le tronc cérébral diverge dans les deux hémisphères cérébraux ; il comprend des formations archaïques apparues très tôt au cours du développement de l'espèce, la phylogenèse ; il comprend en outre les noyaux amygdaliens inclus dans la profondeur du lobe temporal, le bulbe olfactif, pair et symétrique, expansion antérieure de l'hémisphère cérébral, et le septum, qui assure la jonction entre les deux hémisphères. L'hypothalamus se situe dans la zone jouxtant immédiatement l'hypophyse, à la base du cerveau.

Comment fonctionnent ces diverses formations ? Comment Peut-on, à partir d'elles, provoquer un comportement agressif ? Différentes expériences ont été menées depuis les années 1920. Ainsi, en 1928, un chercheur du nom de Bard a-t-il provoqué, par la stimulation de l'hypothalamus, une explosion de rage chez le rat privé chirurgicalement de son cortex. Une autre expérience, réalisée par Buay, en 1937, a montré qu'au contraire la destruction bilatérale des amygdales entraînait un syndrome complexe avec, notamment, disparition des comportements agressifs. De façon générale, les études sur le rat permettent de distinguer deux types d'individus : le rat « tueur » (de souris) et le rat « non tueur », et deux motivations à tuer : le plaisir ou le choc d'une émotion désagréable. Le rat qui a déjà tué, tue froidement, rapidement, goulûment, la souris dont il mange le cerveau. La stimulation de l'aire hypothalamique latérale provoque le passage à l'acte des animaux hésitants, tandis que la destruction bilatérale de cette région le fait au contraire disparaître, tout comme la destruction des noyaux amygdaliens. Le rat non tueur, quant à lui, après stimulation de l'hypothalamus médian et de certains points du mésencéphale, attaque la souris à laquelle il fait face pour la première fois, dans un état d'intense émotion, comme si c'était pour lui le seul moyen de mettre un terme à une expérience pénible.

C'est par des répercussions d'ordre neurochimique qu'agissent les diverses lésions. Par exemple, la bulbectomie olfactive entraîne une augmentation de l'activité de la choline acétyltransférase qui accélère la synthèse de l'acétylcholine (médiateur chimique libéré par les cellules nerveuses) au niveau de l'amygdale. Chez les rats tueurs, par exemple, le cerveau contient davantage de choline acétyltransférase, mais moins d'acide gamma-aminobutyrique (gaba), substance inhibitrice du comportement agressif, que chez les rats non tueurs. On peut aussi moduler l'attitude du rat face à la souris par injection de substances chimiques ; la parachlorophénylalanine bloque la synthèse de la sérotonine au niveau des noyaux du raphé et favorise l'agression ; la picrotoxine bloque l'action du gaba et transforme en tueurs des rats pacifiques.

D'une manière générale, on peut augmenter l'agressivité d'un animal en lui administrant des hormones mâles. Celles-ci semblent en effet accroître la sécrétion d'une substance odorante, qui stimule l'agressivité, par les glandes préputiales ou glandes annexes de l'appareil génital ; ainsi observe-t-on, notamment chez les singes, qu'une augmentation du taux de testostérone durant la période d'activité sexuelle entraîne un accroissement de l'agressivité ; on peut au contraire réduire l'agressivité par l'ablation des bulbes olfactifs – l'expérience est concluante chez les souris mais pas chez les rats, qui, après cette opération, se montrent incontestablement plus agressifs envers les souris qu'ils n'aiment pas.

De ce court exposé, il ressort qu'il existe, semble-t-il, une dynamique d'interaction fonctionnelle réciproque entre l'hypothalamus, le système limbique et l'ensemble du cerveau adaptant le comportement agressif au « vécu » de l'organisme, ce qui dément l'idée d'une pulsion innée qui déclencherait les conduites agressives à partir d'une espèce de « centre d'agressivité ».

La stimulation de l'acte méchant chez l'homme

Le chercheur Stanley Milgram a démontré la propension extrême des adultes à la soumission quasi inconditionnelle à l'autorité ; c'est ce qu'il a appelé la dynamique de *l'obéissance destructive* ; on a vu ainsi, au cours d'une expérience, des individus tout à fait « normaux » infliger sur commande à d'autres individus des punitions sous forme de chocs électriques de plus en plus intenses ; en réalité, les chocs électriques n'étaient pas transmis, mais ils l'ignoraient ; cela malgré les cris et les supplications de leurs victimes, cris simulés eux aussi, mais ils ne le savaient pas davantage. Sur les quarante étudiants expérimentateurs, six seulement se sont arrêtés pendant l'expérience, refusant de continuer afin de faire cesser les souffrances exprimées par les victimes présumées ; les autres ont poursuivi jusqu'à la fin. Parmi les trente-quatre qui ont poursuivi, la moitié a montré des éléments d'agressivité non maîtrisés ; l'autre moitié, une personnalité normale. C'est seulement à la fin de l'expérience que les sujets décrits comme ayant une personnalité normale ont désapprouvé ce qu'ils venaient de faire. L'explication de cette « obéissance destructive » est que les ordres, parce qu'ils émanaient de savants officiels, avaient été perçus comme fondés et étaient considérés comme légitimes ; on sait que c'est à partir d'un raisonnement analogue que les nazis ont exterminé six millions de Juifs.

Chapitre 6

À quoi sert la méchanceté ?

Entre jeu et enjeu

La joie… qui vient du mal
est accompagnée de rire et de moquerie.

René DESCARTES, *Les Passions de l'âme*

Quels sont les ressorts et les ressources de la méchanceté ? N'en doutons pas, on est d'abord méchant dans *son propre intérêt* : pour accroître son pouvoir, augmenter son plaisir. La méchanceté est sans doute l'un des moyens les plus sûrs et les plus simples pour parvenir à ces fins-là. Aussi est-on méchant de toutes les façons possibles, toutes les fois qu'on en a l'envie ou l'occasion. On est méchant en conscience, même s'il semble qu'à partir d'un certain moment l'on n'en ait plus totalement conscience. Ainsi, sommés de nous expliquer, nous répondons que nous n'avons pas été méchants « exprès », que nos paroles ont dépassé notre pensée, que la gifle donnée n'était pas très forte… Il nous appartient, nous le savons, de définir l'intentionnalité pour conclure ou non à la méchanceté.

Les méchants, disait Hugo, éprouvent un « bonheur noir ». Il est certain que le méchant peut aimer sa méchanceté : ne lui garantit-elle pas de pouvoir être comme il le souhaite ? Par ailleurs, très souvent, le méchant n'admet pas le caractère fautif de ses mauvaises actions. Il ne voit pas pourquoi il ne les commettrait pas et, les ayant commises, pourquoi il les regretterait.

Évoquer la méchanceté, c'est songer à la fois à la méchanceté commise et à la méchanceté subie. Par celle-ci, l'on est victime ; par celle-là, coupable. Ce sont deux expériences différentes. Si la seconde est agréable et fait de l'auteur une sorte de « méchant heureux », ainsi que nous l'avons vu précédemment, la première est désagréable et, souvent, incompréhensible : « Qu'ai-je fait pour mériter cela ? », demande la victime. Commençons par l'étude de la méchanceté infligée.

« J'aime faire mal » ou le plaisir de la souffrance d'autrui

Pour Socrate, l'être injuste et méchant est malheureux. Mais cela n'est pas exact – du moins pas dans tous les cas. La méchanceté, qui peut être, nous l'avons vu, de paroles ou d'actions, procure d'abord un soulagement au méchant : elle le libère de ses frustrations, le délivre du mal qu'il dit subir. Elle lui permet de « se défouler », d'évacuer des peurs : de l'inconnu, de l'avenir. En s'en prenant à l'autre, le méchant élimine sa propre détresse.

La méchanceté apporte au méchant une jouissance d'autant plus grande que l'action méchante est poussée à son paroxysme. Il semble que rien ne dépasse en jouissance l'acte de méchanceté quel qu'il soit : « Se sentir sincèrement abominable, quelle volupté ! », a pu écrire Hugo. Le méchant aime voir souffrir ; il s'en délecte même ; c'est de cette souffrance qu'il tire son plaisir. Souvenons-nous d'Antoine Macquard qui, en guerre contre les Rougon, essayait de gagner à sa cause son neveu Silvère :

> Aussi, l'homme aiguisait-il ses plus fines cruautés à inventer des mensonges atroces qui frappaient au cœur le

pauvre garçon ; il jouissait alors de sa pâleur, du tremblement de ses mains, de ses regards navrés, avec la volupté d'un esprit méchant qui calcule ses coups et qui a touché sa victime au bon endroit[1].

Souvenons-nous aussi, dans cette même histoire, de Justin, ce garçon de seize ans, le cousin de Miette, qui détestait et persécutait « sourdement » la jeune fille :

Les meilleures heures de Justin étaient celles où il parvenait à la faire gronder par quelque rapport gros de mensonge. Quand il pouvait lui marcher sur les pieds ou la pousser avec brutalité, en feignant de ne pas l'avoir aperçue, il riait, il goûtait cette volupté sournoise des gens qui jouissent béatement du mal des autres.

Pour faire pleurer sa cousine, Justin lui racontait encore les horribles conditions de détention de son père au bagne de Toulon – en exagérant, bien entendu.

Sortons de la fiction à présent. Le méchant réel reconnaît prendre beaucoup de plaisir à s'acharner sur quelqu'un. C'est d'ailleurs pourquoi il veut absolument se distinguer du bon qui ne lui plaît pas. Le méchant renonce ainsi à tout jamais à faire bonne figure et recherche plutôt les bénéfices d'une conduite indigne et, parfois, sans pitié. Une jeune fille s'interroge :

La méchanceté engendre la souffrance, et c'est d'ailleurs le but d'un acte de pure méchanceté. Le méchant va choisir de faire mal à sa victime, ou physiquement, ou moralement, pour la pousser à souffrir et la rendre malheureuse. Quel intérêt y a-t-il à cela ? Jusqu'à quel point faut-il être égoïste

1. Émile ZOLA, *op. cit.*, p. 203, et p. 239 pour la citation suivante.

et prétentieux pour pouvoir prétendre avoir le droit d'intervenir négativement dans la vie de quelqu'un en essayant de la détruire ?

Chantal (17 ans), lycéenne à Paris.

C'est parfois à une véritable mise en scène que se livre le méchant pour obtenir le meilleur spectacle de la souffrance. Les Inquisiteurs de l'Église, au XVIe siècle, étaient ainsi passés maîtres dans l'art de la méchanceté, comme Voltaire l'a relevé dans son *Candide*. Il fallait, disaient-ils, que le peuple vît souffrir le condamné, mais aussi que le condamné vît à l'avance les tortures qui lui étaient destinées. On connaît le raffinement des supplices de ce temps que nous avons déjà évoqués[1]. On sait encore, par exemple, le plaisir que les Romains prenaient aux jeux du cirque de même que celui que trouvent aujourd'hui les Espagnols à la corrida.

Il est des mises en scène plus ordinaires : *Le dîner de cons*, ce film très touchant de Francis Veber, tourné en 1998, en est un exemple. Pierre Brochant, un gros éditeur parisien, organise chaque semaine un dîner un peu spécial où l'invité d'honneur est un « con », ce dernier étant choisi au hasard des rencontres des convives habituels. Ce soir-là, le choix se porte sur un agent des impôts, François Pignon, dont le passe-temps est de construire des maquettes en allumettes. La femme de Brochant s'indigne de ce dîner, ne comprenant pas que l'on puisse se moquer ainsi des malheureux. Son mari lui rétorque d'abord qu'il n'y a pas de mal à s'amuser un peu, ensuite que les invités ne sont pas des malheureux mais des abrutis, enfin que, de toute façon, jamais un con n'a su pourquoi on l'avait invité. Brochant reçoit donc Pignon, mais en raison d'un mal de dos tenace qui le cloue chez lui, le dîner n'a finalement pas lieu et nous assis-

1. Michel FOUCAULT, *Surveiller et punir*, Paris, Gallimard, 1975.

tons à une soirée en tête à tête au domicile de l'éditeur. Les gags se multiplient jusqu'au moment où Pignon apprend de l'ancienne maîtresse de Brochant la raison de son invitation. « Vous êtes un homme méchant », dit-il alors à ce dernier. À ce moment-là, Brochant, que sa femme vient de quitter, n'a qu'une pensée : la récupérer. Le téléphone sonne, il apprend que son épouse a eu un accident d'automobile et se trouve à l'hôpital. Pignon, se faisant alors passer pour le médecin de famille à la demande de Brochant, intervient pour lui parler en dehors des heures autorisées, et, au cours d'un échange très émouvant, a ces mots magnifiques à propos de son époux : « Je ne sais pas si votre mari est l'homme le plus méchant qui soit, mais je sais que c'est le plus malheureux. » *Happy end* !

Le méchant peut même souffrir d'avoir à cacher sa méchanceté et à paraître bon. Il y a ici une très belle page des *Travailleurs de la mer* qu'il faut rapporter. On se rappelle le capitaine Clubin :

> Il était le mal et s'était accouplé à la probité... Il avait toujours eu une préméditation scélérate ; depuis qu'il avait l'âge d'homme, il portait cette armature rigide, l'apparence. Il était monstre en dessous ; il vivait dans une peau d'homme de bien avec un cœur de bandit. Il était le pirate doucereux. Il était le prisonnier de l'honnêteté ; il était enfermé dans cette boîte de momie, l'innocence ; il avait sur le dos des ailes d'ange, écrasantes pour un gredin. Il était surchargé d'estime publique. Passer pour honnête homme, c'est dur. Maintenir toujours cela en équilibre, penser mal et parler bien, quel labeur ! Il avait été le fantôme de la droiture, étant le spectre du crime[1].

1. Victor HUGO, *Les Travailleurs de la mer*, *op. cit.*, p. 329.

Nous pouvons à présent affiner notre définition du méchant, qui n'est pas seulement l'individu qui exprime une *intention* de commettre le mal, que ce soit en paroles ou en actions, mais aussi celui qui *aime* faire mal, blesser l'autre, moralement ou physiquement. Il s'agit bien, par des paroles et des conduites, de provoquer du « mal-être », de la douleur. Ce qui peut aller jusqu'aux pires extrémités. Le sadique, par exemple, tire de la souffrance d'autrui un plaisir extrême ; il aime à torturer sa victime, à voir jaillir le sang de ses entrailles.

Poursuivons encore un peu. La méchanceté, c'est encore et aussi un sentiment de formidable pouvoir, l'expression, sans doute, de cette « volonté de puissance » qui inspire tous les hommes, un besoin de domination qui les anime ; c'est Javert sur le point d'arrêter à nouveau Valjean : il est là, tout proche, sur ses talons, dans les ruelles sombres de Paris ; il pourrait s'emparer de l'homme, mais préfère différer ce moment, couvant sa proie du regard « avec cette volupté de l'araignée qui laisse voleter la mouche et du chat qui laisse courir la souris. La griffe et la serre, écrit Hugo, ont une sensualité monstrueuse ; c'est le mouvement obscur de la bête emprisonnée dans leur tenaille. Quel délice que cet étouffement ! Javert jouissait[1] ».

Le méchant cherche donc le pouvoir et la puissance ; c'est très manifeste chez le sadique. « Derrière toute méchanceté, même banale, se trouve le désir d'une toute-puissance qui balaie l'obstacle et nous impose sans condition[2] », écrit François Flahault. Plus l'instinct de possession se développe et plus le désir d'ascension sociale se manifeste, plus la sociabilité diminue et plus le risque de

1. Victor HUGO, *Les Misérables*, *op. cit.*, p. 485.

2. François FLAHAULT, *La Méchanceté*, Paris, Descartes & Cie, 1998, p. 17.

méchanceté augmente. D'une certaine manière, on pourrait dire que le méchant, plutôt que de dépasser les bornes, nous impose ou tente de nous imposer les siennes. Ce méchant-là ne manifeste pas d'intérêt pour ses semblables, il pense qu'il lui appartient d'arriver facilement et rapidement à ses fins sans s'occuper d'autrui.

Prenons un exemple. Nous le trouvons à nouveau dans le roman d'Émile Zola *La Fortune des Rougon*. Pierre Rougon, on s'en souvient, est le fils d'Adélaïde et de Pierre. Celui-ci meurt prématurément. Adélaïde rencontre alors Macquart dont elle a deux enfants, Antoine et Ursule ; elle ne se met pourtant pas en ménage avec cet homme, qui a mauvaise réputation. Adélaïde a les nerfs fragiles et l'esprit commercial peu développé ; elle possède une petite exploitation de légumes qu'un maraîcher, malhonnête, gère pour elle. Pierre décide de se débarrasser de cette famille ; il facilite d'abord le mariage de sa demi-sœur, Ursule, qui quitte le pays, puis ne contrarie pas le départ à la conscription de son demi-frère, Antoine. Enfin, il soumet sa mère à sa volonté : « Il la punissait comme on punissait un enfant, raconte Zola. Les rôles étaient renversés. Sous cette férule toujours levée, la pauvre femme se courbait[1]. » Pouvoir, argent, domination, voilà bien ce qui inspire la méchanceté de Pierre Rougon : « C'était à lui, ces légumes sur la vente desquels le maraîcher prélevait les plus gros bénéfices ; c'était à lui, ce vin bu, ce pain mangé par les bâtards de sa mère. Toute la maison, toute la fortune était à lui. » Un jour, le destin vole à son secours : Macquart meurt, tué par un gendarme, et laisse sa petite masure en héritage à Adélaïde ; elle s'y installe. Pierre est désormais seul maître à bord. Pourtant, comme le remarque Hugo à propos du Thénardier dans *Les Misérables*, quand les affaires vont mal, « il ne suffit pas d'être méchant

1. Émile ZOLA, *op. cit.*, p. 74, et p. 70 pour la citation suivante.

pour prospérer[1] ». Nicolas Machiavel dit que les hommes sont méchants dès que leur intérêt personnel est en jeu. D'où la place éminente de la méchanceté dans la sphère politique. S'il veut maintenir son État, conserver son trône, écrit l'auteur du *Prince*, un prince doit souvent faire appel à la méchanceté : « il doit apprendre à savoir être méchant, et recourir à cet art ou non, selon les nécessités[2]. »

Le méchant semble dépourvu de sentiments altruistes, de même que de sens de la dignité ; il paraît incarner cette *animalité* de l'homme dont parle Kant. Il peut être comme possédé par sa méchanceté, envahi, débordé par elle. Le méchant est insensible à la douleur de l'autre, comme le note André Green, psychanalyste :

> Je fus un jour frappé par cette définition du méchant : il est celui non qui *fait* le mal, mais qui *aime* le mal. Tout le monde fait le mal mais certains l'aiment. Mais aimer le mal, qu'est-ce ? Est-ce jouir de la souffrance d'autrui ? Sans doute, et c'est là le cas le plus banal. Mais il y a un amour du mal beaucoup plus radical, bien plus impersonnel. Aimer le mal, c'est aimer le détecter, le désigner, le localiser, pour trouver matière à l'exterminer, pour penser qu'une fois vaincu et anéanti, le bonheur et le Souverain bien régneront sans partage[3].

Les moyens de la méchanceté

Les moyens de la méchanceté, ce sont la ruse, la séduction et la manipulation. Le manipulateur agit toujours de façon masquée, insidieuse, pour son seul profit… C'est un

1. Victor HUGO, *Les Misérables*, *op. cit.*, p. 160.
2. Nicolas MACHIAVEL, *op. cit.*, p. 80.
3. « Pourquoi le mal ? », dans *Le Mal* (ouvrage collectif), Paris, Gallimard, 2002, p. 420-421.

pragmatique, un opportuniste dont la seule référence est l'utile, et qui se sert des êtres humains comme de pions pour avancer dans la direction qu'il a choisie. Il sévit dans la sphère financière, mais il est aussi parmi nous... Il est le produit d'une société corrompue et décadente sans foi ni loi. Il corrompt le discours, lieu d'émergence de la vérité. L'équité est absente de son système de valeurs selon lequel tout est possible : l'essentiel, c'est qu'il s'en sorte gagnant. Le manipulateur brouille les pistes, fausse le sens du langage, empêche tout dialogue. Il déstabilise et ruse à des fins de pouvoir, au risque de détruire l'autre. Le cynisme et la provocation sont ses meilleures armes. Ses lois : le mutisme, la non-transparence et le double jeu pour ne pas avoir à se justifier et sauver ainsi la face. Le paraître est pour lui essentiel : il n'existe que dans le regard de l'autre, surtout quand ce dernier lui renvoie une image positive de lui...

> *Nos enfants sont en danger dans une telle société que l'on peut, à ce titre, qualifier de « méchante », dans la mesure où elle érige en règles de vie la ruse, le mensonge, la démesure et l'iniquité. Ce retour banalisé de la loi de la jungle, qui prône le « Chacun sa vérité » et le « Tout est permis » est aussi sans doute l'une des causes de la montée de la violence, notamment chez les jeunes.*
>
> Femme (50 ans), fonctionnaire, Paris.

Ruse, manipulation, calomnie, raillerie sont souvent utilisées de concert pour faire aboutir un projet de méchanceté. Nous avons à l'esprit la fameuse pièce *Le Méchant* de Gresset, une comédie en cinq actes et en vers, présentée au Théâtre français, le 27 avril 1747. Rappelons l'intrigue. Géronte vit dans son château avec sa sœur Florise et sa nièce Chloé, qu'il veut donner en mariage à Valère. Malheureusement, Géronte a pour hôte Cléon, le Méchant, qui veut épouser soit Florise, soit Chloé, afin de jouir un jour de la fortune du maître des lieux, et qui, pour ce faire, brouille tous les habitants du château en les calomniant les uns auprès des autres. Valère, ébloui par Cléon, le prend d'abord pour modèle et se rend insupportable à Géronte. Mais la prudence d'Ariste, ami de Géronte, et les ruses de la servante Lisette anéantissent les sombres projets du Méchant qui finit par être chassé.

La ruse peut quelquefois être poussée jusqu'au crime. On se rappelle César Borgia qui, pour mettre fin aux désordres en Romagne, y dépêche Rémy d'Ogre, « homme cruel et expéditif ». Celui-ci rétablit le calme, non sans se rendre très impopulaire. Borgia, pour ne pas s'aliéner ses nouveaux sujets et cautionner toutes les cruautés commises en son nom, fait alors mettre à mort son ministre : « Il le fit, un matin, à Ceséna, écarteler et exposer sur la place publique, avec à ses côtés un morceau de bois et un couteau sanglant. Un spectacle aussi féroce remplit les populations en même temps de stupeur et de satisfaction[1]. »

Des conséquences de la méchanceté et du pourquoi l'on aime les méchants

Contrairement à l'animal, l'homme peut prévoir les conséquences de ses actes – pour le moins ne pas en être étonné. C'est bien parce qu'à la différence de la bête il a le triple sentiment du présent, du passé et du futur ; il voit donc l'enchaînement des causes et des effets et peut comprendre ceux-ci.

Le méchant, à cause de sa méchanceté, peut ne pas être aimé. Nous avons ici en mémoire ce garçon d'une douzaine d'années dont le passe-temps favori consistait à raconter des mensonges à ses camarades de classe ; il en était devenu

1. Nicolas MACHIAVEL, *op. cit.*, p. 38.

insupportable à leurs yeux et plus personne ne voulait lui parler. C'est ce à quoi s'expose le méchant : l'isolement. Les propos qui suivent l'attestent :

• *Quand on est méchant, personne ne nous aime.*

Victoire (12 ans).

• *Lorsque l'on est méchant, on perd confiance en soi, on peut perdre aussi ses amis, on devient un être ignoré ou évité par son entourage, on devient triste et déprimé.*

Claire (12 ans et demi).

• *Quand on est méchant, personne n'a envie de nous parler ou de venir nous voir. On n'a pas d'amis et on devient de plus en plus méchant en restant tout seul. On s'ennuie et on s'énerve.*

Juliette (12 ans).

• *La personne méchante va être isolée, solitaire, rejetée et mal aimée par les autres.*

Sophie (13 ans).

• *On se retrouve seul, et méprisé des autres. On ne fait que récolter ce qu'on a semé.*

Carine (13 ans).

• *On perd ses amis, on se fait des ennemis, on ne se sent pas bien, on pousse les autres à être méchants.*

Rodolphe (21 ans), étudiant suisse.

• *Au bout de la méchanceté, il y a souvent la marginalité, l'isolement ou l'exclusion.*

Fabienne (56 ans), agent d'accueil.

Nous avons évoqué précédemment les « bienfaits » de la méchanceté pour son auteur, ce que nous pouvons considérer comme autant de sensations *positives*, mais il existe aussi des sensations *négatives* résultant de la culpabilité, du remords, de la honte, de la tristesse ; le reconnaître revient à accréditer l'idée selon laquelle l'homme « même le plus méchant » n'a pas renoncé à la loi morale. La victime, elle, souffre évidemment de la méchanceté qu'on lui fait. Ainsi Adélaïde Rougon-Macquart supportait-elle mal la dureté de son fils, ses « regards sévères » ; elle voulait s'enfuir, rejoindre son amant parti au loin, voulait même en finir avec la vie quelquefois.

La vie réelle, bien entendu, offre de nombreux exemples de telles souffrances :

> *Oui, j'ai déjà fait de la méchanceté. Je ne sais pas si c'est vrai, peut-être que c'est moi qui l'imagine. J'ai une amie (je me demande si elle est vraiment une amie) que je trouve méchante. Dès que je lui parle d'une de nos amies communes qui est triste ou d'un copain qui, au contraire, est heureux, elle me regarde avec un air de mépris et me jette un « de toute façon, je m'en fous ! ». Même quand je lui parle de sa meilleure amie. Moi, j'ai toujours été contente quand il arrivait quelque chose d'heureux à mes amis et j'étais toujours là pour les consoler quand ils avaient besoin de moi. C'est vrai que le comportement de cette fille me choque, mais je ne sais pas si on peut appeler ça de la méchanceté. Peut-être ne se rend-elle pas compte que ces réflexions peuvent faire mal.*
>
> Johanna (15 ans), région parisienne.

Prenons un second témoignage, adulte cette fois, évoquant diverses situations :

> *Un collègue de travail, pour se mettre en valeur et par jalousie, a monté une équipe de gens contre moi. Quatre ou cinq personnes se sont mises à m'agresser et à contredire systématiquement ce que je proposais… alors qu'il n'y avait jamais eu de nuage avant ! C'est dur !*
> *Une de mes meilleures amies, exaspérée un jour par mes propos, m'a lancé un regard noir effrayant, s'est tournée vers une autre amie en lui disant quelques mots à voix basse et, quand je lui ai demandé ce qu'elle disait, elle m'a répondu :*

> *« Non, rien », avec un air dédaigneux. Ça n'a l'air de rien, mais cette attitude m'a affreusement blessée.*
> *Ma sœur, quand elle est exaspérée, me dit parfois des choses qui n'ont rien à voir avec le sujet de départ et se veulent très méchantes... Pour me faire taire, elle me blesse.*
>
> Catherine (30 ans), enseignante, Paris.

La victime redoute souvent que la méchanceté ne soit commise à nouveau. Écoutons cet autre témoignage d'une jeune fille :

> *L'année dernière, j'habitais avec ma mère dans une résidence sur la Côte d'Azur. Ma mère s'était disputée avec un voisin âgé de dix-huit ans et c'est moi qui en ai payé les frais. Quand je sortais avec ma meilleure amie, lui et ses copains me traitaient de « cageot ». Cela s'est terminé quand nous avons déménagé pour aller vivre à Paris.*

Les individus « à-qui-on-a-fait-du-mal » n'aiment d'ordinaire pas ceux qui sont méchants avec eux. Face à la méchanceté qu'ils subissent, ils éprouvent même souvent un sentiment d'injustice. « Personne, explique Chantal (17 ans), n'aime le sentiment de douleur, et je pense que personne ne le mérite. » Il arrive qu'une méchanceté subie puisse être légitimée. On sait, par exemple, que les enfants martyrs n'arrivent pas toujours à détester leurs parents qui leur font du mal ; ils finissent même souvent par croire que si leurs parents agissent ainsi à leur égard, c'est qu'ils l'ont bien « mérité », qu'ils ont dû faire quelque chose de mal pour être martyrisés de la sorte ; c'est pourquoi ces enfants n'osent généralement pas dénoncer les sévices qu'ils subissent. Les psychologues nous apprennent par ailleurs que ces enfants-là deviennent parfois, à leur tour, heureusement pas toujours, des bourreaux pour les enfants qu'ils auront eux-mêmes plus tard. Il arrive même qu'une méchanceté subie conduise la victime à éprouver une haine absolue pour son auteur. C'est, par exemple, la haine qu'éprouve pour Frankenstein la créature à laquelle il a donné la vie. Et quelle jouissance de haïr lorsque la haine se nourrit d'une accusation légitime !

Comment devient-on victime ? Existerait il, par hasard, des *victimes-nées* ? Les plus jeunes que nous avons interrogés disposent de certains critères qui leur permettent de dessiner le portrait d'une victime potentielle : une personne de petite taille, timide, fragile, mal habillée, garçon ou fille, style « premier de la classe ». Auguste (13 ans) cite l'exemple de ce garçon aussi bon en classe que mal vêtu : il porte d'ordinaire un pantalon remonté jusqu'à la poitrine qui fait rire tout son entourage. Voici les circonstances idéales pour être « victimisé », selon le mot du même Auguste. Les dernières manifestations lycéennes du printemps 2005, en France, qui ont opposé lycéens pacifiques et « jeunes casseurs », viennent d'ailleurs accréditer cette thèse. Heikel (18 ans), de nationalité tunisienne et française, dont le témoignage a été recueilli par *Le Monde* du 16 mars 2005, explique la volonté de battre et de voler les « petits Blancs », qu'il appelle aussi les « bolos » : « Les “bolos” regardent par terre parce qu'ils ont peur, parce que c'est des lâches… Les petits Français ont des têtes de victimes ! »

Toute conduite méchante ne fait pas l'objet de la même attention. Si aucune ne laisse indifférente, il en est certaines qui sont « tolérées ». Comme le souligne Julien (50 ans), agent d'accueil : « On peut rester indifférent à certains comportements de la méchanceté, à condition qu'ils ne soient pas trop importants et qu'on puisse les relativiser. » Catherine (30 ans), enseignante, a une réaction similaire : « La méchanceté des gens qui me sont indifférents sera plus vite oubliée. »

Chapitre 7

Comment soigner la méchanceté ?

Entre punition et réparation

Il ne s'agit pas tant de combattre les défauts que de faire germer les qualités qui s'y trouvent souvent en puissance.

Dr André BERGE, *Les Défauts de l'enfant*

Il faut redonner à la bonté son inaliénable primauté dans notre univers. « Le monde ne tient debout que par un peu de vertu », disait Ernest Renan. Il faut par conséquent soigner la méchanceté, inventer une nouvelle morale personnelle et de nouvelles mœurs sociales qui ne lui fassent pas la part aussi belle. Méchanceté et bonté ne sont pas d'égale valeur. La première est valeur négative, qui nuit au bien-vivre ensemble, la seconde est louable, qui apaise les rapports sociaux : elle est valeur positive. Un moraliste français inconnu a dit : « Je n'ai jamais examiné l'âme d'un homme méchant ; mais j'ai examiné une fois l'âme d'un homme bon, et j'ai reculé d'horreur ! » Ce propos est méchant et indigne en ce sens qu'il légitime toutes les ignominies des hommes. Si l'on peut admettre que la violence ait d'abord guidé l'humanité, que l'homme, par nécessité, se soit montré méchant, on ne saurait tolérer que des sociétés reposant sur le contrat social se comportent méchamment. Louons donc l'homme civil qui ne veut aucun mal à son prochain – à défaut de toujours lui vouloir du bien. Assez de bassesses, de mesquineries, de diableries ! Assez de « négative attitude ». Encourageons au contraire largesses, gâteries, confiance et sincérité. Prenons un plaisir immense à être bon et généreux ; c'est, n'en doutons pas, une source de satisfaction qui ne s'épuise jamais.

Il faut soigner la méchanceté parce que la bonté lui est préférable : moralement, socialement, humainement. Montherlant raconte qu'enfant il ne maltraitait pas les animaux, n'écrasait pas les fourmis qu'il voyait à ses pieds, rejetait les poissons qu'il prenait à la main. S'il ne fut pas meilleur homme que les autres, l'écrivain prôna le bien – souvent contre toute attente. Ne préconisa-t-il pas d'élever une statue aux Algériens que la France avait colonisés ? D'abréger partout les souffrances des animaux agonisant ? Bien sûr, se détourner de la pensée commune, qui veut plutôt mal faire ou médire, expose à l'incompréhension, parfois à la haine, Montherlant le sait : « Chaque fois qu'un acte généreux est accompli, écrit-il, il y a ceux qui ne peuvent comprendre, ceux qui comprennent, et ceux qui pressentent[1]. »

Il faut extraire la méchanceté comme l'on extrait une vilaine dent, car la bougresse s'est insinuée partout, nous l'avons vu : dans la famille, à l'école, dans l'entreprise, et même dans le sport, dont Montherlant, fin observateur, disait déjà en son temps, il y a plus de quatre-vingts ans, qu'il n'était plus cette « belle chose » que l'on avait connue. Disparu le *fair play*, partout la tricherie et l'agressivité, partout « la grossière manie de la performance et de la victoire à tout prix[2] ».

Il faut, de façon urgente à présent, revenir partout, aussi bien dans les activités ludiques qu'ailleurs dans le corps

---

1. Henry de MONTHERLANT, *Service inutile*, Paris, Grasset, 1935, p. 117.
2. *Ibid.*, pp. 140-141, et pp. 140 et 233 pour les citations suivantes.

social, aux valeurs perdues d'énergie, de discipline et de solidarité. « La moralité d'une nation, écrit encore l'auteur des *Olympiques*, est une affaire de lois, et de lois appliquées. »

Il faut que le méchant devienne haïssable. Le propos, j'en conviens, sera jugé naïf, qu'importe ! Si la pente naturelle de l'homme est la méchanceté, elle est aussi la bonté. Abaisser l'une, hausser l'autre, voilà le but. C'est être courageux que d'être bon. Tant mieux ! Excitons l'homme à la bonté, qu'il ait « l'obsession du bien ». Au demeurant, soyons confiants, les individus, comme les sociétés, ne peuvent supporter autour d'eux qu'une certaine quantité de méchanceté ; au-delà ils réagissent, se défendent, contre-attaquent, et c'est réconfortant qu'il en soit ainsi ! C'est être courageux encore que d'aimer, même raisonnablement, même partiellement. « C'est déjà beaucoup, disait Montherlant, que faire du bien à ceux que nous aimons ; c'est déjà beaucoup que rendre justice autour de nous. » Si la gentillesse aujourd'hui est plus rare qu'autrefois, elle devient plus efficace car elle est moins commune ; cela aussi est réconfortant.

Il faut mépriser la méchanceté. Qui ne méprise pas la méchanceté pactise avec elle. La méchanceté doit nous dégoûter : pas de clémence pour elle ! C'est de la sorte protéger le corps social tout entier.

Plus que les autres gens, les enfants et les adolescents connaissent les redoutables effets des méchancetés dont ils sont l'objet – dont ils sont coupables quelquefois. Ainsi s'épanouit une méchanceté sexuelle qui se nourrit d'une filmographie pornographique désormais très accessible aux plus jeunes. Il s'ensuit une méchanceté du masculin sur le féminin qui se voit « objectivé », violenté. Apprenons aux enfants le respect et la bienveillance, voire une certaine complaisance pour autrui.

Peut-on espérer effacer la méchanceté, la « mauvaise » méchanceté ? Peut-on bouter les méchants hors de la surface du globe ? La méchanceté semble à ce point ancrée dans la vie des hommes que, de prime abord, elle paraît irréductible. Une jeune fille (12 ans) le dit à sa manière : « Il y aura toujours de la méchanceté sur terre, comme il y aura toujours des riches et des pauvres, comme il y aura toujours du feu et de l'eau. On ne peut pas enlever ce qui existe depuis la création du monde. » Cela à l'esprit, on peut s'interroger avec Pascal qui, dans ses *Pensées*, pose la question suivante : faut-il tuer pour empêcher qu'il y ait des méchants ? Non, bien sûr, s'empresse-t-il de répondre, car ce serait alors commettre deux méchancetés au lieu d'une, et de citer saint Augustin : *Vince in bono malum*, soit *Vaincre le mal par le bien*. Quoi que l'on dise, la méchanceté est intolérable, c'est une maladie grave, les pessimistes diraient « incurable », une « maladie de l'âme » pour Platon.

À l'encontre de la méchanceté pathologique (celle qui n'efface pas totalement la conscience de mal faire), sans doute peut-on faire usage de l'arsenal thérapeutique, palliatif et curatif ; mais, si l'hydrothérapie et les psychotropes sont des remèdes vertueux et utiles, ils ne sont pas, on le sait, des remèdes miracles. Bien sûr, peut-on, pour les « méchants sexuellement », récidivistes de surcroît, envisager, comme l'a recommandé naguère le Garde des Sceaux, l'usage, au moins à titre expérimental, de la castration chimique. De quoi s'agit-il exactement ? De lutter contre cette forme de criminalité par l'administration de deux substances médicamenteuses, la cyprotérone et la leuproréline, connues pour diminuer l'hormone qui, chez l'homme, agit sur le désir sexuel. Une expérience de cette nature devrait du reste être menée auprès de quarante-huit anciens détenus déjà condamnés mais actuellement en liberté et soumis à un suivi socio-judiciaire ; une étude scientifique est envisagée pour tester l'efficacité du traitement chimique.

C'est la méchanceté ordinaire qui est la plus difficile à combattre, tant il est vrai qu'elle obéit, nous l'avons vu, à un faisceau de facteurs liés entre eux et interdépendants. Ainsi, à défaut d'agir sur un agent pathogène bien identifié, est-il possible d'espérer limiter les effets de ce type de méchanceté en remédiant à certaines mauvaises conditions de vie, familiales et scolaires notamment, qui offrent un terreau propice à son développement. Mais, pour nécessaire que soit cette action, elle n'est pas suffisante. Fort heureusement, de même que des inhibitions instinctives protègent les animaux d'un trop-plein d'agressivité et de l'envie d'attaquer leurs congénères, de même des inhibitions morales s'opposent à trop de méchanceté chez les humains.

La méchanceté, nous l'avons vu, s'exerce facilement contre l'inconnu, l'étranger notamment – par sa culture, sa religion, son idéologie, sa « race » L'ignorance, on le sait, Platon nous l'a maintes fois rappelé, peut générer la peur de celui qui ne nous ressemble pas. C'est vrai chez les animaux, c'est vrai également chez les hommes. On se souvient de l'extraordinaire haine suscitée par « le Juif » tout au long du Moyen Âge. Cet homme incarne alors, presque à lui tout seul, le « méchant homme ». Pour fonder cette idée, on remonte aux lointaines origines, on désigne, évidemment, Judas, qui a tué son père, Ruben, à coups de pierres, qui a trahi Jésus, épousé sa mère. D'ailleurs, « le Juif », en ce temps-là, on le nomme volontiers la « vipère », on voit en lui un être assoiffé de sang apaisant sa soif dans des sacrifices humains. Toutes sortes de rumeurs circulent à son sujet : il enlèverait et assassinerait des enfants, par exemple. On comprend donc qu'être traité de « juif » soit alors considéré comme une insulte particulièrement méchante susceptible de conduire l'insulteur devant quelque tribunal ; au XVIIe siècle, les fripiers, en particulier, seront perçus comme des membres de la « juiverie » et auront de ce fait une « méchante réputation » ; on les accusera, par exemple, d'être des profiteurs de guerre.

Si, au contraire, nous renonçons à désigner des boucs émissaires et nous habituons au contact de l'autre, si nous apprenons à le connaître, alors nous ne le craignons plus.

Cette paisibilité acquise, nous l'observons chez les animaux. Ainsi, rats et souris, nous l'avons vu, dès lors qu'ils ont été élevés ensemble, ne se font plus la guerre ; les premiers ne tuent plus les secondes, les rates se prenant même d'affection pour les souriceaux dont elles s'occupent volontiers. Pourquoi n'en serait-il pas de même chez les hommes ? Sans doute, pour atteindre ce but, convient-il de modifier leurs rapports sociaux, de les rendre plus proches et solidaires, de faire en sorte que ces rapports soient bons. « Le *bon*, comme dit Hegel, est le contenu des devoirs, c'est-à-dire des déterminations fondamentales qu'impliquent les rapports nécessaires entre les hommes, autrement dit ce que ces rapports comportent de rationnel. Le *méchant* est ce qui vise volontairement à la destruction de ces rapports[1]. »

Punir l'autre ou maîtriser sa propre méchanceté

Cicéron, on s'en souvient, n'a aucune tendresse pour les méchants : « Il faut, estime-t-il, retrancher du corps de l'humanité des êtres qui, sous une apparence humaine, ont la férocité, la cruauté d'une bête sauvage[2]. » Il en fait un devoir. Faire surgir des obstacles sur la route de la méchanceté est sans doute nécessaire. C'est à cela, en somme, que correspond la punition ; mais la punition de la méchanceté qui, en tant que telle, n'est pas un délit punissable ne semble avoir de conséquences qu'à l'encontre de quelques méchants. Alfred Adler soutient que « punir n'a aucune utilité, le style de vie est fixé après la quatrième ou cinquième année d'existence et ne peut être modifié que par l'auto-reconnaissance par le sujet de ses fautes et de ses erreurs[3] ».

1. G. W. Friedrich HEGEL, *op. cit.*, p. 216.
2. CICÉRON, *op. cit.*, p. 221.
3. Alfred ADLER, *op. cit.*, p. 25.

Et puis, comment prouver la méchanceté, montrer l'intentionnalité de son auteur ? Car, nous l'avons vu, si le sujet incriminé dit « ne pas l'avoir fait exprès », il est relevé du soupçon de sa prétendue méchanceté ; il faut que l'acte commis ait été réfléchi pour être considéré comme méchant. Chez les tout petits enfants, nous le savons, cette condition de réflexivité fait défaut. Or, la moindre erreur de notre part, dès lors que nous nous instituons juges, risque d'avoir les plus funestes effets, celui, par exemple, de transformer un faux méchant en vrai méchant, avec l'intentionnalité et tout ce qui constitue la méchanceté. Par ailleurs, la sanction n'a aucune chance d'avoir des incidences favorables si la méchanceté tient à une cause affective profonde : elle ne peut que la contrarier un moment. Autant dire que la punition ne se présente qu'exceptionnellement comme un remède approprié à la méchanceté.

Il faut tenter d'entrer dans le psychisme du méchant, de se mettre à sa place ; il faut analyser les mobiles de l'acte méchant, tenir compte des circonstances dans lesquelles il s'est produit pour comprendre à quels besoins il correspond précisément. Prenons un exemple qui est rapporté par le Dr André Berge[1]. C'est l'histoire d'un petit garçon de quatre ans qui avait voué une haine féroce à une fillette de deux ans et demi dont le seul tort était d'avoir le même âge que sa jeune sœur. Il reportait ainsi sur elle tous les sentiments agressifs qu'il éprouvait pour sa sœur. De cette manière, il se libérait de sa jalousie fraternelle, ne conservant pour sa cadette que les bons sentiments. La fillette, en revanche, était la cible de toute son agressivité : il voulait lui crever les yeux, la couper en petits morceaux, la jeter dans la Seine, lui disait-il… Comment donc changer le comportement de cet

1. André BERGE, *Les Défauts de l'enfant*, Paris, Petite Bibliothèque Payot, 1953, pp. 141-142.

enfant, lui faire accepter sa petite sœur et le libérer ainsi de la haine verbale dont il faisait preuve envers la fillette qu'il maltraitait injustement ? On fit appel à la technique des « histoires parallèles », c'est-à-dire qu'on résolut de traiter cette histoire particulière en invoquant un problème similaire. Voici, raconte Berge, le récit choisi en la circonstance : un jeune prince régnait sur une île merveilleuse où poussaient de belles fleurs et des fruits succulents dans des jardins enchantés. Les habitants aimaient leur jeune souverain et l'entouraient d'égards et de gâteries. Un jour, cependant, un naufrage poussa sur la côte une petite princesse qui vécut d'abord en cachette avec la complicité de quelques indigènes, en se nourrissant des fruits succulents et en cueillant les belles fleurs de l'île. Le prince s'en aperçut et, fou de rage, résolut de faire rechercher aussitôt la voleuse pour la condamner à mort. Or, à quelque temps de là, tandis qu'il se promenait dans son domaine, des appels désespérés frappèrent son oreille. N'écoutant que son courage, il se précipita et vit une jeune fille aux prises avec un affreux monstre marin. Tirant son épée, le prince pourfendit vaillamment le monstre et rappela dans son palais la jeune fille qui n'était autre, évidemment, que la petite princesse, pour lui offrir sa protection et sa généreuse hospitalité. Toute la population, ravie, acclama son prince qu'elle n'en aima que davantage, et la petite princesse fut tout heureuse d'avoir trouvé un si brave et si gentil protecteur. Bien entendu, quand on raconta l'histoire au petit garçon, aucune allusion ne fut faite, ni de près ni de loin, à Zizi, la fillette qu'il menaçait, non plus qu'à sa petite sœur. Pourtant, sa réaction fut immédiate et d'ailleurs assez peu encourageante : « Tu sais, Zizi…, je vais lui crever les yeux », déclara-t-il à brûle-pourpoint dès que le narrateur eut terminé son récit, montrant ainsi que la sensibilité avait été touchée au bon endroit. Puis, quelques jours se passèrent sans qu'il ne fût question de rien, jusqu'au moment où, rentrant de promenade, le petit garçon, d'un air suave, interpella ses parents : « Vous savez, dit-il, j'ai une nouvelle amie.

— Ah ça… qui donc ?

— Elle s'appelle Zizi… c'est notre petite amie à tous. »

Et il ne fut plus jamais question de la couper en morceaux ni de la jeter dans la Seine. Ainsi se dissipèrent méchanceté, cruauté, jalousie…

Pour remédier à la méchanceté, il faut toucher la *conscience*. Le méchant sachant exactement ce qu'il fait, il faut rendre sa conscience véritablement « mauvaise » : ainsi peut-on espérer extirper le mal qui est en lui.

Mais soyons assurés que méchanceté et bonté ne se situent pas toujours en opposition l'une par rapport à l'autre, que la première n'incarne pas toujours la « pulsion de vie » décrite par Freud, et la seconde, la « pulsion de mort ». Et, de même que la méchanceté n'est pas nécessairement le signe que la bonté fait défaut, de même l'absence de méchanceté n'est pas obligatoirement synonyme de présence de bonté.

Il appartient aussi au méchant, et à toute autre personne, de tenter de mieux se connaître, pour être capable, après l'avoir identifiée, de maîtriser sa part de méchanceté.

Pour une nouvelle morale sociale et individuelle : faire la vie en rose

Dans une société happée par la logique libérale et l'appât du gain, sans doute faut-il mettre davantage en avant des valeurs qui favorisent l'exercice de la bonté au détriment de la méchanceté, qui n'est, quoi qu'on en dise ou pense, que la force des faibles. Sans doute faut-il, par conséquent, privilégier l'équité. Or, à quoi assistons-nous ? La méchanceté réactive est ici révélatrice d'un recul de la justice au profit de la vengeance. « La moindre dose d'agression, une petite méchanceté, une insinuation suffisent en général pour faire monter la colère à la tête et en chasser l'équité[1]. »

Or, le problème avec le méchant réactif, c'est qu'il est d'ordinaire plus méchant que le méchant qui est méchant *a priori*. Nous l'avons vu, conscient de son bon droit, c'est sans scrupule qu'il dépasse les limites. Il est donc impératif qu'il revienne à l'esprit de justice et réapprenne à traiter l'autre comme un *alter ego*. Souvenons-nous du bon vieux principe : *Ne pas faire aux autres ce que l'on ne voudrait pas qu'on nous fît.* Mais on sait combien il est difficile d'accepter l'altérité.

En tout état de cause, sans bons comportements ni bonnes manières, une communauté ne saurait conserver sa cohésion très longtemps. Essayons donc de mieux utiliser la *sublimation*, en détournant les actions méchantes vers des actions plus recommandables, comme les actions charitables, humanitaires, écologiques…

L'importance du travail éducatif

Nous devons apprendre à vivre à nos enfants, mais pas dans un sens qui consisterait à les contraindre davantage. Non, c'est de sociabilité qu'il s'agit ici. Nous devons apprendre à nos enfants à être sociables ; c'est pourquoi nous devons éviter d'avoir à leur endroit des mots blessants ou humiliants ainsi que des moqueries qu'ils perçoivent en général comme de vraies méchancetés. L'enfant peut vouloir nous pousser à commettre une faute, nous entraîner à la violence, bref nous rendre méchants, mais c'est parce qu'il ne va pas bien pour quelque cause que ce soit. Nous devons alors faire preuve de calme, savoir nous maîtriser.

L'éducateur doit présenter certaines qualités propres à contrarier les défauts de l'enfant, en particulier la tendance à

1. Friedrich NIETZSCHE, *La Généalogie de la morale*, *op. cit.*, p. 81.

la méchanceté. Il doit, en premier lieu, avoir soif de connaissances sur l'enfant. Car sa mission est rien de moins que difficile : combattre les inhibitions, mettre à jour les refoulements, canaliser l'affectivité, créer de bonnes habitudes, voilà ce qui attend l'éducateur soucieux de l'intérêt de l'enfant. N'oublions pas que le conditionnement à la distinction du bien et du mal commence dès la petite enfance.

Le « bon » éducateur, dont nous avons esquissé naguère le portrait[1], doit être libre de tout préjugé, et, s'il lui est permis de connaître toutes les théories en vigueur, il doit n'en appliquer aucune à la lettre. Il conservera ainsi l'esprit de jugement qui lui est nécessaire ainsi que sa souplesse de conduite. Comme l'enseignait jadis le Dr Gilbert Robin, désencombrés d'eux-mêmes et de leurs préjugés, les éducateurs offriront à l'enfant un amour sain qui ne les aveuglera pas et qui sera au contraire une vraie source de vie.

En tant que bons éducateurs, nous devons être justes avec l'enfant – ce qui signifie souvent pour lui ne pas être méchants –, être patients à son égard, lui faire confiance, peut-être plus que de raison : cela passe par la communication. Nous devons ainsi tolérer les améliorations lentes, les rechutes aussi. À son impatience, nous devons répondre par un surcroît de patience ; à l'emportement, nous devons préférer la réponse imaginative. Nous ne sommes pas des chefs, mais des guides, nous n'agissons plus avec les attributs du pouvoir d'antan, avec cette autorité qui était moins « naturelle » que construite sur une puissance incontestée ; nous n'intervenons plus en nous référant à un appareil d'autorité extérieure, mais en nous servant des qualités de notre moi. Nous devons être les amis de nos enfants, ce qui n'a rien à voir avec le copinage de naguère. À leur égard, évitons donc le double écueil du laxisme et de l'autoritarisme : le premier donne une occasion d'expression à

1. Michel FIZE, *Les Interdits*, *op. cit.*, p. 139.

la méchanceté, le second active la pulsion agressive. Pour reprendre le propos d'Auguste (13 ans), « trop sévère ou trop indulgent, c'est la révolte assurée ».

C'est à toutes ces conditions que nous ferons de nos enfants des êtres « bons », et pas méchants du tout. Soyons des exemples en toutes circonstances, ce qui n'a rien à voir avec la toute-puissance et la suffisance. Ne l'oublions pas, nous sommes grands aussi parce que nous savons que nous sommes faillibles.

Petits conseils. Ne demandez pas à un enfant de ne pas être méchant, demandez-lui d'être bon. Proposez-lui quelques actes bons qu'il pourrait réaliser, qui le grandiraient et seraient utiles à la collectivité. Le meilleur moyen de gommer chez lui les tendances à la méchanceté est de lui procurer des occasions d'épuiser pacifiquement son énergie. Faites-lui confiance : il a commis quelque méchanceté envers un proche, confiez-lui une mission de solidarité pour réveiller sa générosité. La tendance méchante se transforme alors en tendance sociale positive, altruiste. Comme disait le Dr André Berge, « pour faire œuvre positive, il ne s'agit pas tant de combattre les défauts que de faire germer les qualités qui s'y trouvent souvent en puissance[1] ». Indiquez donc à l'enfant que les mauvaises pensées ne sont pas seulement haïssables, qu'elles dépriment aussi ceux qui les conçoivent.

Quand les méchants deviendront des gentils…

Le méchant qui devient gentil, c'est Jean Valjean : « Au bagne, dit Hugo, il était mauvais, sombre, chaste, ignorant et farouche[2]. » À sa libération, l'homme se retrouve seul,

---

1. André BERGE, *op. cit.*, p. 155.

2. Victor HUGO, *Les Misérables*, *op. cit.*, p. 446, et pp. 116 et 448 pour les deux citations suivantes.

personne ne lui offre le gîte et le couvert ; il a beau avoir de l'argent, il a aussi cet affreux passeport jaune d'ancien galérien et sa mauvaise réputation d'individu « dangereux » qui lui colle à la peau. C'est alors qu'il croise l'évêque de Digne qui accepte de l'héberger ; mais, le lendemain matin, il s'enfuit avec un plein panier d'argenterie. Arrêté par les gendarmes et reconduit auprès de l'évêque, celui-ci dit qu'il a donné l'argenterie à Valjean, qui est aussitôt relâché. Désormais, nous explique Hugo, l'homme se trouvait au milieu d'une lutte « entre sa méchanceté à lui et la bonté de cet homme ». Une voix intérieure l'avertissait « que si désormais il n'était pas le meilleur des hommes il en serait le pire... que s'il voulait devenir bon il fallait qu'il devînt ange, que s'il voulait rester méchant il fallait qu'il devînt monstre ». Sa rencontre avec Cosette achève de métamorphoser Valjean. D'abord il tire l'enfant des griffes des horribles Thénardier, puis il l'aime comme un père. Dès lors, sans oublier totalement leur méchanceté, il trouvait les hommes « bons et justes ».

Quelques exemples tirés de la vie réelle feront mieux voir par quels mécanismes peut se transformer l'esprit d'un enfant. Voici une jeune adolescente (11 ans et demi), insolente, pas affectueuse. Sa famille la croit méchante et lui dit qu'elle le restera. Alors la jeune fille durcit son attitude. Le psychologue consulté recommande aux parents de chercher à mieux comprendre leur enfant et, surtout, de lui faire confiance. Bientôt, l'adolescente, sentant un changement notable dans son entourage, s'apaise et se montre affectueuse. Voici une autre histoire, celle d'un garçon (10 ans), jaloux de son jeune frère né quelques mois plus tôt. Il le bouscule, le pince, lui enfonce les doigts dans les yeux. L'enfant s'en prend même à ses parents : il est grossier à leur égard, les insulte ; il est vraiment méchant. Puis il tombe dans une phase dépressive ; il ne mange plus, a des idées suicidaires : sa méchanceté s'est retournée contre lui. Le garçon, en réalité, a le sentiment d'avoir été abandonné, de ne plus intéresser sa mère comme avant.

Voici une dernière histoire, que nous raconte Bruno Bettelheim, celle d'un petit garçon de sept ans : Harry. Harry fugue tout le temps et met sa vie en danger par toutes sortes d'acrobaties. Sa mère, qui n'en vient pas à bout, trouve qu'il est « l'enfant le plus méchant au monde ». En effet, on ne compte plus ses bêtises. Bettelheim note : « il essaya de mettre le feu aux cheveux de l'une de ses sœurs et blessa l'autre sérieusement plusieurs fois. Il menaça fréquemment de tuer sa mère en lui enfonçant dans le cœur le couteau à découper et il est certain qu'il essaya, au moins une fois, de mettre sa menace à exécution[1]. »

Bon puis méchant, méchant puis bon, les conduites humaines sont réversibles. On connaît des conversions d'autant plus spectaculaires qu'inattendues. Ce sont, dans les camps de concentration, ces hommes que l'on croyait bons qui se transforment soudain en bourreaux pour leurs congénères, ou bien, au contraire, ces individus réputés pour leur méchanceté qui deviennent soudain d'une étonnante générosité. Comme quoi, en matière d'anges et de démons, les identités sont souvent mal assurées ! « J'ai vu un jeune officier, se souvient Konrad Lorenz, qui paraissait un garçon excellent, et qui est tombé dans la plus complète amoralité, perdant sa personnalité et finissant par mourir. Il ne se lavait pas, volait la nourriture d'autrui et agissait d'une façon absolument asociale[2]. »

On ne saurait terminer ce chapitre sans évoquer « l'arme absolue » contre la méchanceté : l'amour. Amour d'autrui,

---

1. Bruno BETTELHEIM, *Évadés de la vie*, Paris, Le Livre de poche, 1994, p. 599.
2. Konrad LORENZ, *Entretiens*, *op. cit.*, pp. 107-108.

amour de soi aussi, qui évite parfois les vilaines méchancetés contre sa propre personne. C'est même grâce à un profond amour de soi que l'on est porté à se conduire bien et à aimer les autres. Malebranche a dit : « On ne peut cesser de s'aimer, mais on peut cesser de se mal aimer. » Il est donc fallacieux d'opposer amour de soi et amour d'autrui comme si l'on opposait égoïsme à altruisme. Les deux sont indissociables. Amour encore des parents pour leurs enfants, qui donne à ces derniers sécurité et confiance et les porte ensuite aux meilleurs sentiments. Amour toujours, et pour tous, partout.

L'amour, voilà bien l'un des sentiments positifs fondamentaux de l'homme. Il faut y associer tous les sentiments dérivés comme la tendresse et la générosité. Avec eux, la vie de couple est assurée d'harmonie. Songeons à Hector et à Andromaque dans le chant VI de *L'Iliade*. L'époque homérique est à cet égard pleine d'unions conjugales où règne la tendresse. Autre couple uni, celui formé par Philémon et Baucis, que nous conte Ovide, qui atteste de formes élevées de l'amour conjugal aussi dans la société romaine. Vient l'amour courtois du Moyen Âge puis l'amour « de bienveillance » qui, selon Descartes, « incite à vouloir du bien à ce qu'on aime » – amour qui est loin de l'amour « de concupiscence », qui se borne à désirer la chose que l'on aime, et loin de l'amour libertin, qui peut être cruel comme Sade l'a bien montré.

Continuons à rêver que *Tout le monde il est beau, tout le monde il est gentil !* à rêver pour les nations de paix universelle. La haine est « une formidable erreur », pour reprendre les mots de Céline. Les hommes sont mauvais. Soit. Ils ne demandent qu'à être bons. Il faut croire à la force de l'amour entre les hommes. « Force-les à construire ensemble une tour, écrivait Saint-Exupéry, et tu les changeras en frères. » « Il n'y a d'amour, dit Teilhard de Chardin, que dans la croissance commune au sein d'un même avenir. »

Souvenons-nous de cette règle de vie des Compagnons d'Emmaüs : « Devant toute humaine souffrance, selon que tu le peux, emploie-toi non seulement à la soulager sans retard, mais encore à détruire ses causes. Emploie-toi non seulement à détruire ses causes, mais encore à la soulager sans retard[1]. » Terminons par cette belle page du *Mystère Frontenac*, au moment où le jeune héros de François Mauriac prend conscience du problème du Mal en assistant à l'agonie d'un insecte tombé dans l'entonnoir d'une fourmilion. Yves délivre l'insecte : « Dans l'ordre affreux du monde, souligne Mauriac, l'amour introduisait son adorable bouleversement[2]. »

Avec l'amour, naturellement, il faut cultiver la bienveillance. La bienveillance, chère au philosophe David Hume, doit inspirer la conduite des hommes. C'est une « passion tendre » qui nous fait nous intéresser à autrui : il faut nous en emparer. Ayons donc « un généreux souci de nos semblables », comme le propose Hume. Louons en toute circonstance les hommes de bien et manifestons de l'aversion pour les autres. Mieux : déconsidérons-les.

Soyons-en finalement certains : tandis que les « petites » méchancetés pourrissent les rapports entre les hommes, les actes d'amour les plus infimes contribuent à les adoucir et à les embellir.

---

1. Cité par Pierre BURNEY, *L'Amour*, Paris, Que sais-je ? 1973, p. 126.

2. François MAURIAC, *Le Mystère Frontenac*, Paris, Le Livre de poche, 1972, p. 122.

Conclusion

Le mal fait partie de la bonté.

Victor HUGO, *Les Misérables*

Avons-nous réellement progressé au cours de ce travail ? Raymond Aron écrit que « toute réponse à une question soulève des questions ultérieures et peut-être nous ramène au point de départ, à l'interrogation initiale, formulée avec plus de subtilité[1] ». Assurément, nous sommes parvenus à quelques conclusions qu'il faut à présent rappeler.

Premièrement, nous avons appris que seuls les hommes sont méchants ; les animaux peuvent être cruels, féroces, les tout petits enfants de l'homme se montrer insupportables, agressifs, ils ne sauraient, ni les uns ni les autres, être « méchants » à proprement parler : il leur manque la conscience morale pour cela, et l'intention de mal faire. « Âme "profonde" et "méchante", note Nietzsche, ce sont bien là les deux formes fondamentales de la supériorité que l'homme a eue jusqu'à présent sur le reste des animaux[2]. »

Deuxièmement, on peut dire que la méchanceté, comme la bonté, est inhérente à la condition humaine, qu'elle fait partie de l'intériorité de l'homme, mais qu'elle opère, de

1. Préface à Nicolas MACHIAVEL, *op. cit.*, p. III.
2. Friedrich NIETZSCHE, *La Généalogie de la morale*, *op. cit.*, p. 30.

préférence, dans des situations bien particulières ; c'est pourquoi nous avons nommé *réactive* une certaine forme de méchanceté. En raison de son ancrage dans l'intériorité de l'individu, elle est incontournable ; mais, parce qu'elle est mue par une extériorité malfaisante, elle est réductible : c'est affaire de volonté sociale.

Troisièmement, nous savons encore qu'il n'y a de méchanceté que *volontaire*. La méchanceté suppose toujours en effet l'intentionnalité ; disant cela, nous faisons fi de tous ces méchants involontaires qui encombrent une certaine littérature.

Quatrièmement, nous avons observé qu'il n'existe pas de méchanceté absolue, que toute méchanceté est *relative*, comme toute chose au demeurant, qu'il n'existe donc pas de *méchants-nés*, qui seraient dotés d'une constitution particulière, qu'il n'y a que des conduites ou des pensées méchantes. Mais, de même qu'il existe un mal *radical*, selon l'opinion de Kant, il nous faut admettre qu'il existe une méchanceté *grave* de nature criminelle et guerrière.

Le monde est rempli d'horreurs indicibles, de violences tragiques, de malheureux innocents, de souffrances innommables. C'est pourquoi les gens semblent se résigner à la méchanceté comme à une fatalité humaine. Peut-on, faut-il croire à la perfectibilité de l'homme ? On peine à imaginer ce à quoi pourrait ressembler une vie de bonté sur la terre. Et puis, quelqu'un qui se comporterait en permanence « comme il faut » ne risquerait-il pas de devenir insupportable à la longue ?

On peut de toute façon douter que l'homme devienne jamais totalement un être paisible et tolérant. D'abord parce qu'il vivra probablement toujours dans des sociétés imparfaites, victime de préjugés de toutes sortes : « Même en imaginant des sociétés complètement égalitaires, les caractères des êtres évoluent et les natures se forgent parfois dans le mauvais sens, par la force des choses, des événements », estime Catherine (30 ans). Ensuite parce que l'être humain aura toujours besoin d'évacuer son agressivité sur autrui, singulier ou pluriel. La guerre, on le sait, a longtemps été (elle l'est toujours, ici ou là) un moyen d'absorber cette agressivité ; aussi, tandis qu'il y a moins de guerres, en Occident cela s'entend, et qu'elles sont plus douces (ce sont de plus en plus souvent les machines qui se battent entre elles), les besoins pulsionnels peinent à se satisfaire. Pourquoi donc ne pas imaginer détourner nos « mauvaises » pulsions et les mettre au service d'actes positifs ?

Méchants ? À un journaliste qui l'interrogeait sur cette question de la bonté et de la méchanceté, Primo Levi répondit un jour : « Comment répondre ? Qu'il y a des hommes bons, d'autres qui ne le sont pas, que chacun est un mélange de bon et de méchant[1] ? » Il est certain, en tout cas, que les hommes ne sont pas seulement des anges, ils continuent à se réjouir de la méchanceté qu'ils causent, à se délecter des spectacles les plus cruels. Et si nous étions tous des Jean Valjean, mi-homme, mi-bête ! Valjean « portait deux besaces, écrit Hugo[2] ; dans l'une il avait les pensées d'un saint ; dans l'autre, les redoutables talents d'un forçat. Il fouillait dans l'une ou dans l'autre, selon l'occasion ». « Il n'y a, ajoute Hugo, ni mauvaises herbes ni mauvais hommes. Il n'y a que de mauvais cultivateurs. » Mi-ange, mi-bête, c'est encore le Dr Jekyll devenant, la nuit tombée, l'infâme M. Hyde ; c'est aussi Barbe-Bleue, de Perrault ; c'est la vieille dame, Tatie Danielle, cette femme insupportable, acariâtre et odieuse envers tous ses proches, opérant soudain une totale conversion qui la voit venir en aide à sa jeune garde-malade qu'elle traitait de monstre l'instant d'avant, prêtant à celle-ci une

1. Primo LEVI, *Le Devoir de mémoire*, *op. cit.*, p. 41.
2. Victor HUGO, *Les Misérables*, *op. cit.*, p. 466, et p. 169 pour la citation suivante.

substantielle somme d'argent pour réparer son automobile et lui offrant une broche, moyennant, il est vrai, que la jeune femme ne s'occupe que d'elle. Et puis, c'est la rechute : Tatie Danielle entre dans une rage folle quand elle apprend que la garde-malade entend passer son week-end avec un petit ami américain de passage à Paris ; elle saccage l'appartement de son neveu, auquel elle finit par mettre le feu. Placée en maison de retraite, « elle fait pleurer toutes les vieilles », au dire du personnel ; mais elle s'échappe de ce lieu où elle ne se plaît pas et on la retrouve, pour la scène finale, dans un chalet de montagne, avec sa jeune garde-malade, pleinement complices...

Pour l'homme de science, l'homme ne naît ni bon ni méchant ; bonté et méchanceté sont des acquis ; ce qui infirme la thèse rousseauiste de l'enfant innocent, et tout autant celle de Freud de l'enfant pervers polymorphe. C'est dire combien il y a du bon et du mauvais en chacun de nous. Nietzsche dit que « les grandes époques de notre vie sont celles où nous avons le courage de considérer ce qui est méchant en nous comme ce que nous avons de meilleur[1] ». Peut-être, finalement, certains hommes sont-ils simplement plus méchants que d'autres. Considérons le bourreau Hitler qu'un récent film, *La Chute*, vient remettre sous les feux des projecteurs. Il est fait reproche au cinéaste allemand de nous montrer un Hitler « trop humain ». Mais, réfléchissons un instant : en quoi est-ce un problème d'humaniser ce dictateur ? de montrer qu'il était prévenant envers sa secrétaire, qu'il aimait son chien, désapprouvait que ses gardes du corps molestent ceux qui tentaient de trop l'approcher ? Dieu l'a fait homme comme les autres, après tout. Évidemment, on sait

1. Friedrich NIETZSCHE, *Par-delà le bien et le mal*, *op. cit.*, maxime n° 116, p. 161.

combien il est réconfortant, par une sorte de transfert, de faire porter toute sa haine sur un individu donné censé incarner, à lui seul, la méchanceté absolue. C'est ainsi oublier sa propre méchanceté, et sa culpabilité quelquefois. Comment, par exemple, qualifier l'attitude des Alliés qui, très tôt, ont su que les nazis exterminaient, par milliers, les Juifs dans les camps de la mort, mais ne sont pas intervenus pour mettre fin à cette barbarie ? N'est-ce pas par de tels exemples que l'on mesure toute la complexité de l'être humain, qui est animé par-devers lui des sentiments les plus contradictoires, depuis les pires jusqu'aux meilleurs ? Finalement, c'est peut-être bien en voyant le dictateur Hitler avec cette humanité que l'on comprend mieux toute l'horreur incarnée par cet homme, jadis ordinaire petit caporal autrichien et artiste peintre pas très doué, ayant ensuite si « mal tourné ». Comme le précise Primo Levi :

> Dans les camps nazis, il y avait en fait assez peu de monstres, de malades mentaux, de tortionnaires, la plupart s'en tenaient à la discipline avec une indifférence lasse. Cela ne les enchantait pas de tuer les gens, mais ils l'acceptaient, ils étaient le produit d'une école… En somme, je n'ai pas rencontré de monstres, mais des fonctionnaires. Ils se comportaient comme des monstres[1].

Méchanceté ? Faut-t-il dire d'elle ce que Fénelon disait de la guerre, qu'elle est « un mal qui déshonore le genre humain » ? Il est indéniable qu'aucune civilisation n'a pu en triompher, qu'aucune philosophie, prônant la sagesse, n'a pu en contrarier le déferlement ininterrompu. Que l'on songe au supplice de Jésus sur la croix. Ses bourreaux auraient pu se contenter de sa mort, eh bien non, il leur

---

1. Primo LEVI, *Le Devoir de mémoire, op. cit.*, pp. 53 et 65-66.

fallait aussi la souffrance, il leur fallait la mort dans l'extrême douleur. Alors ? « Inviter les hommes à faire assaut de gentillesse, c'est très précisément une mesure pour rien[1] », disait le psychiatre Alexander Mitscherlich.

La méchanceté n'a-t-elle pas, finalement, une *utilité*, une double utilité ? Disant cela, nous voulons signifier qu'elle remplirait peut-être une fonction. Assurément. Elle est d'abord, naturellement, utile au méchant : elle lui permet d'augmenter ses ressources, ses biens matériels, son influence et son pouvoir. N'est-elle pas nécessaire en politique ? Machiavel disait que le Prince était « mi-homme, mi-bête », qu'il devait « apprendre à être méchant ». La méchanceté n'est donc pas une si mauvaise chose pour lui – ni davantage pour le commun des mortels : « Ce sont ces heurts avec le mal qui nous endurcissent et nous aident à avancer, estime Chantal. C'est la méchanceté qui oblige à prendre sur soi, à se relever, à se confronter à la vie. » Ce qui prouve, contrairement à l'opinion de Socrate, que « bon » et « utile » ne sont pas seuls à marcher de connivence. « Mal » et « utile » peuvent être aussi de puissants alliés. La méchanceté est ensuite, et aussi, utile à la société : elle lui permet, par contraste, de montrer la bonté sous son meilleur jour.

Bien entendu, seule la méchanceté relative a du sens ; mais pas question de nous accorder avec la thèse de Nietzsche qui, à défaut de se livrer à une apologie du mal auquel, on s'en souvient, il ne croyait pas, se risque à un formidable plaidoyer en faveur de la méchanceté : « Nous pensons, écrit-il, que la dureté, la violence, l'esclavage… la dissimulation… les artifices et les diableries de toutes sortes, que tout ce qui est mauvais, terrible, tyrannique, tout ce qui, chez l'homme, tient de la bête de proie et du serpent sert tout aussi bien à l'élévation du type homme

1. Alexander MITSCHERLICH, *op. cit.*, pp. 10-11.

que son contraire[1]. » Les penchants de l'homme, poursuit-il, sont naturels ; il ne faut donc pas, pour cette raison, voir le mal d'un mauvais œil ni chercher à le contrarier. Vouloir renoncer à tous ces penchants, n'est-ce pas, en effet, ajoute l'auteur d'*Aurore*, vouloir renoncer à la vie ? Cela ne se peut. Finalement, dans son désir de se situer par-delà le bien et le mal, Nietzsche se place – et plutôt complaisamment – du côté du mal, de la dureté et de la cruauté, de la « sublime méchanceté », autant de marques de la culture supérieure, autant de vertus à protéger ; par une inversion des valeurs qui lui est propre, Nietzsche en arrive à faire des bons, des médiocres, et des faibles, des méchants. À ses yeux même, le plus grand danger de l'homme, ce ne sont pas les méchants mais les faibles, les « maladifs » en particulier, qui sont à l'origine de « la conspiration la plus méchante », celle contre les forts. Comment pourrions-nous suivre Nietzsche sur cette voie périlleuse ?

Sûrement pourrions-nous disserter à l'infini sur la méchanceté et les méchants, sans conclure jamais. Parce que la méchanceté est quelque chose qui nous touche et nous interpelle au plus intime de notre être.

---

1. Friedrich NIETZSCHE, *Par-delà le bien et le mal, op. cit.*, pp. 119-120.

Bibliographie sommaire

ADLER, Alfred. *Psychologie de l'enfant difficile*, Paris, Petite bibliothèque Payot, 1952.

AUTRET, Florence. *Les Manipulateurs*, Paris, Denoël, 2003.

BAZIN, Hervé. *Vipère au poing*, Paris, Le Livre de poche, 1948.

BERGE, André. *Les Défauts de l'enfant*, Paris, Petite bibliothèque Payot, 1953.

BETTELHEIM, Bruno. *Psychanalyse des contes de fées*, Paris, Robert Laffont, coll. Réponses, 1976.

BETTELHEIM, Bruno. *Évadés de la vie*, Paris, Le Livre de poche, 1994.

BRONTË, Charlotte. *Jane Eyre*, Paris, Le Livre de poche, 1964.

CAILLOIS, Roger. *Instincts et Société*, Paris, Gonthier, Bibliothèque médiations, 1964.

CICÉRON. *De la vieillesse, de l'amitié, des devoirs*, Paris, GF-Flammarion, 1967.

CYRULNIK, Boris. *Mémoire de singe et paroles d'homme*, Paris, Hachette, coll. Pluriel, 1998.

CYRULNIK, Boris. *La Fabuleuse Aventure des hommes et des animaux*, Paris, Hachette, coll. Pluriel, 2003.

DANTE. *La Divine Comédie*, Paris, Albin Michel, 1950.

DESCARTES, René. *Les Passions de l'âme*, Paris, GF-Flammarion, 1996.

DI NOLA, Alfonso M., préface à Erberto PETOIA. *Vampiri e lupi mannari*, Rome, Newton Compton, 1991.

FLAHAULT, François. *La Méchanceté*, Paris, Descartes & Cie, 1998.
FOUCAULT, Michel. *Surveiller et Punir*, Paris, Gallimard, 1975.
FREUD, Sigmund. *L'Homme aux loups*, Paris, PUF, coll. Quadrige, 1990.
GRIMM, Jacob et Wilhelm. *Le Petit Chaperon rouge et autres contes*, Paris, GF-Flammarion, 1999.
GRIMM, Jacob et Wilhelm. *Contes*, Paris, Classiques Hachette, 2004.
HEGEL, Georg Wilhelm Friedrich. *Propédeutique philosophique*, Paris, Éditions de Minuit, 1963.
HIRIGOYEN, Marie-France. *Le malaise dans le travail, harcèlement moral : démêler le vrai du faux*, Paris, Éditions La Découverte & Syros, 2001.
HUGO, Victor. *Les Misérables*, Paris, Le Livre de poche classique, 1995.
KANT, Emmanuel. *La Religion dans les limites de la simple raison*, Paris, Librairie philosophique J. Vrin, 2000.
KLEIN, Mélanie. *Essais de psychanalyse*, Paris, Payot, 2005.
LA FONTAINE, Jean de. *Fables choisies*, Paris, Classiques Larousse, 1971.
LAUVERGNE, Hubert. *Les forçats considérés sous le rapport physiologique, moral et intellectuel, observés au bagne de Toulon*, Paris, J. Millon, 1841.
LE BON, Gustave. *Psychologie des foules*, Paris, Félix Alcan, 1905.
LEIBNIZ. *Essais de théodicée*, Paris, GF-Flammarion, 1969.
LEVI, Primo. *Le Devoir de mémoire*, Paris, Mille et une nuits, 1995.
LORENZ, Konrad. *L'Agression*, Paris, Flammarion Champs, 1977.
LORENZ, Konrad. *Entretiens*, Paris, Stock, 1976.
MACHIAVEL. *Le Prince*, Paris, Le Livre de poche, 1980.

MITSCHERLICH, Alexander. *L'idée de paix et l'agressivité humaine*, Paris, Gallimard, coll. Idées, 1970.
NIETZSCHE, Friedrich. *Par-delà le bien et le mal*, Paris, Le Livre de poche, 1991.
NIETZSCHE, Friedrich. *La Généalogie de la morale*, Paris, Gallimard, coll. Folio essais, 1985.
PASINI, Willy. *La Méchanceté*, Paris, Petite bibliothèque Payot, 2004.
PLATON. *Hippias mineur*, Paris, Les Belles Lettres, coll. Classiques poche, 2002.
PLATON. Gorgias, Paris, GF-Flammarion, 1967.
PONTALIS, J.B. (dir.). *L'Amour de la haine*, Paris, Gallimard, coll. Folio essais, 2001.
PROUST, Marcel. *À la recherche du temps perdu*, Paris, Bibliothèque de La Pléiade, 1954.
ROUBERTOUX, Pierre. *Existe-t-il des gènes du comportement ?* Paris, Odile Jacob, 2004.
ROUSSEAU, Jean-Jacques. *Émile ou De l'éducation*, Paris, Flammarion, 1966.
SPINOZA, Baruch. « Éthique », *Œuvres*, vol. III, GF-Flammarion, 1993.
ZOLA, Émile. *La Fortune des Rougon*, Paris, Le Livre de poche, 1957.

Table des matières

CHAPITRE 2
LES CARACTÉRISTIQUES DE LA MÉCHANCETÉ

CHAPITRE 3
LES ORIGINES DE LA MÉCHANCETÉ

Chapitre 4

La galerie des méchants

Chapitre 5
Comment se construit l'acte méchant ?

Chapitre 6
À quoi sert la méchanceté ?

Chapitre 7
Comment soigner la méchanceté ?

Photocomposition Nord Compo
Imprimé en Allemagne par GGP Media GmbH

Pour le compte des Éditions Marabout.
Dépôt légal : mars 2009
ISBN : 978-2-501-05967-1
Codif. : 40.7920.8
Édition 01